W0284948

Lernbuch

Schreiben

9+10

Textsorten • Arbeitstechniken

So kannst du dich mit diesem Lernbuch auf den Mittleren Schulabschluss (MSA) vorbereiten:

Zu Beginn der 9. Klasse:

- Test (Seite 4/5): Hier siehst du, was du schon wissen solltest.
- Selbsteinschätzungstest (Seite 6/7): Hier erkennst du deine Stärken und Schwächen.

Während der 9. und 10. Klasse:

Die Arbeitsseiten können von zwei unterschiedlichen Ausgangspunkten erarbeitet werden:

- ausgehend von der **Textsorte** (Seite 10 bis 65),
- ausgehend von der **Arbeitstechnik** (Seite 66–111).

Die Arbeitsseiten sind einheitlich aufgebaut:

Hier hast du Platz für eigene **Notizen**.

Im **Infoteil** oben links findest du die wichtigsten Informationen (Merksatz) zu der jeweiligen Textsorte oder Arbeitstechnik.

Unterlegte Begriffe werden im **Glossar** erklärt.

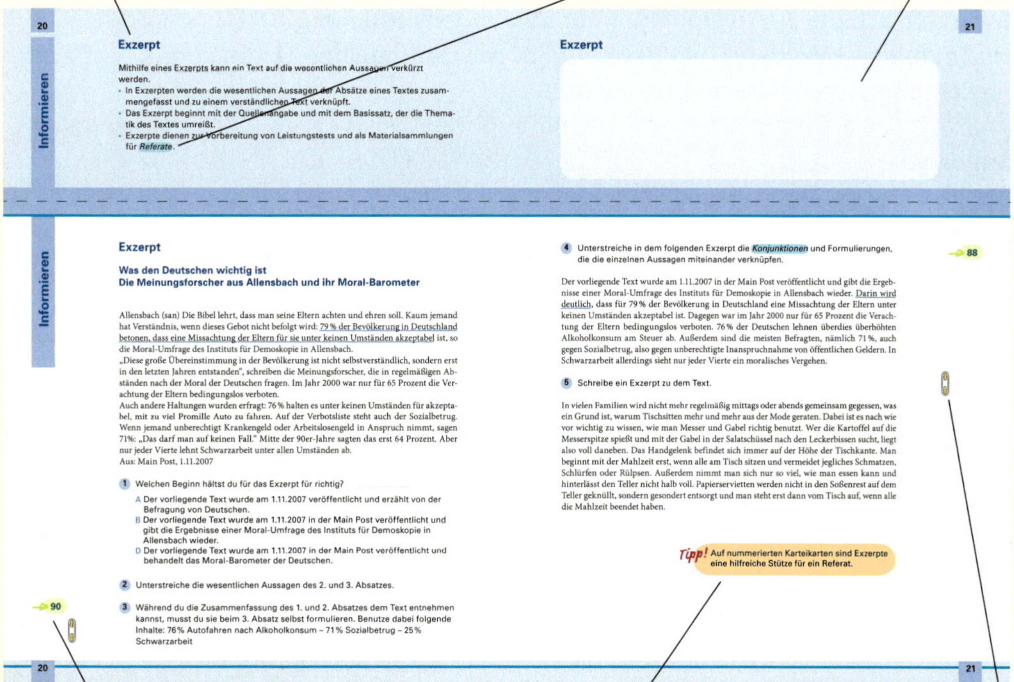

20

Informieren

Exzerpt

Mithilfe eines Exzerpts kann ein Text auf die wesentlichen Aussagen verkürzt werden.
- In Exzerpten werden die wesentlichen Aussagen der Absätze eines Textes zusammengefasst und zu einem verständlichen Text verknüpft.
- Das Exzerpt beginnt mit der Quellenangabe und mit dem Basissatz, der die Thematik des Textes umreißt.
- Exzerpte dienen zur Vorbereitung von Leistungstests und als Materialsammlungen für *Referate*.

21

Exzerpt

Informieren

Exzerpt

Was den Deutschen wichtig ist
Die Meinungsforscher aus Allensbach und ihr Moral-Barometer

Allensbach (san) Die Bibel lehrt, dass man seine Eltern achten und ehren soll. Kaum jemand hat Verständnis, wenn dieses Gebot nicht befolgt wird: 79 % der Bevölkerung in Deutschland betonen, dass eine Missachtung der Eltern für sie unter keinen Umständen akzeptabel ist, so die Moral-Umfrage des Instituts für Demoskopie in Allensbach.
„Diese große Übereinstimmung in der Bevölkerung ist nicht selbstverständlich, sondern erst in den letzten Jahren entstanden", schreiben die Meinungsforscher, die in regelmäßigen Abständen nach der Moral der Deutschen fragen. Im Jahr 2000 war nur für 65 Prozent die Verachtung der Eltern bedingungslos verboten.
Auch andere Haltungen wurden erfragt: 76 % halten es unter keinen Umständen für akzeptabel, mit zu viel Promille Auto zu fahren. Auf der Verbotsliste steht auch der Sozialbetrug. Wenn jemand unberechtigt Krankengeld oder Arbeitslosengeld in Anspruch nimmt, sagen 71%: „Das darf man auf keinen Fall." Mitte der 90er-Jahre sagten das erst 64 Prozent. Aber nur jeder Vierte lehnt Schwarzarbeit unter allen Umständen ab.
Aus: Main Post, 1.11.2007

1 Welchen Beginn hältst du für das Exzerpt für richtig?
A Der vorliegende Text wurde am 1.11.2007 veröffentlicht und erzählt von der Befragung von Deutschen.
B Der vorliegende Text wurde am 1.11.2007 in der Main Post veröffentlicht und gibt die Ergebnisse einer Moral-Umfrage des Instituts für Demoskopie in Allensbach wieder.
D Der vorliegende Text wurde am 1.11.2007 in der Main Post veröffentlicht und behandelt das Moral-Barometer der Deutschen.

2 Unterstreiche die wesentlichen Aussagen des 2. und 3. Absatzes.

90

3 Während du die Zusammenfassung des 1. und 2. Absatzes dem Text entnehmen kannst, musst du sie beim 3. Absatz selbst formulieren. Benutze dabei folgende Inhalte: 76% Autofahren nach Alkoholkonsum – 71% Sozialbetrug – 25% Schwarzarbeit

4 Unterstreiche in dem folgenden Exzerpt die *Konjunktionen* und Formulierungen, die die einzelnen Aussagen miteinander verknüpfen.

88

Der vorliegende Text wurde am 1.11.2007 in der Main Post veröffentlicht und gibt die Ergebnisse einer Moral-Umfrage des Instituts für Demoskopie in Allensbach wieder. Darin wird deutlich, dass für 79 % der Bevölkerung in Deutschland eine Missachtung der Eltern unter keinen Umständen akzeptabel ist. Dagegen war im Jahr 2000 nur für 65 Prozent die Verachtung der Eltern bedingungslos verboten. 76 % der Deutschen lehnen überdies überhöhten Alkoholkonsum am Steuer ab. Außerdem sind die meisten Befragten, nämlich 71 %, auch gegen Sozialbetrug, also gegen unberechtigte Inanspruchnahme von öffentlichen Geldern. In Schwarzarbeit allerdings sieht nur jeder Vierte ein moralisches Vergehen.

5 Schreibe ein Exzerpt zu dem Text.

In vielen Familien wird nicht mehr regelmäßig mittags oder abends gemeinsam gegessen, was ein Grund ist, warum Tischsitten mehr und mehr aus der Mode geraten. Dabei ist es nach wie vor wichtig zu wissen, wie man Messer und Gabel richtig benutzt. Wer die Kartoffel auf die Messerspitze spießt und mit der Gabel in der Salatschüssel nach den Leckerbissen sucht, liegt also voll daneben. Das Handgelenk befindet sich immer auf der Höhe der Tischkante. Man beginnt mit der Mahlzeit erst, wenn alle am Tisch sitzen und vermeidet jegliches Schmatzen, Schlürfen oder Rülpsen. Außerdem nimmt man sich nur so viel, wie man essen kann und hinterlässt den Teller nicht halb voll. Papierservietten werden nicht in den Soßenrest auf dem Teller geknüllt, sondern gesondert entsorgt und man steht erst dann vom Tisch auf, wenn alle die Mahlzeit beendet haben.

Tipp! Auf nummerierten Karteikarten sind Exzerpte eine hilfreiche Stütze für ein Referat.

20

21

Dieser **Seitenverweis** zeigt eine passende Arbeitstechnik (bzw. Textsorte).

Auf vielen Seiten gibt es noch zusätzliche **Tipps**.

Längere Texte kannst du in der hinteren Umschlagseite abheften und dein **Portfolio** anlegen.

Vor der Prüfung zum Mittleren Schulabschluss:

- Der Abschlusstest (Seite 113 bis 123) orientiert sich an Prüfungsaufgaben des MSA. Hier probst du den Ernstfall und stellst anhand der Lösungen fest, was du noch üben musst.

Tipp! Trenne mit einer Schneidemaschine das obere Drittel der Arbeitsseiten ab. Nun hast du ein handliches Infoheftchen mit allen Merksätzen und deinen Notizen zum Mitnehmen.

Was kann ich?

Lies die Fragen und kreuze jeweils zwei richtige Antworten an.

1 Texte
- Gedichte gehören zu den Sachtexten.
- Literarische Texte beruhen auf einer vorgestellten Wirklichkeit.
- Berichte sind literarische Texte.
- Nicht lineare Texte sind Schaubilder, Diagramme und Statistiken.

2 Textkommunikation
- Der Begriff „Sender" bezieht sich nur auf mündliche Kommunikation.
- Der Adressat ist der gedachte Leser eines Textes.
- Die Intention eines Textes gibt an, an wen er gerichtet ist.
- Die Intention eines Textes gibt an, mit welcher Absicht er geschrieben ist.

3 Textarten
- Informierende Texte enthalten nie eine eigene Meinung.
- Kommentierende Texte enthalten nur eine eigene Meinung.
- Die Textsorten Meldung und Bericht gehören der gleichen Textart an.
- Eine Glosse ist ein informierender Text.

4 Textanalyse
- Nur literarische Texte lassen sich analysieren.
- Die Haltung des Erzählers ist ein wichtiges Element beim Textverständnis.
- Zur Textanalyse gehört die Betrachtung der Figuren.
- Ein Gedicht ist ein erzählender Text.

5 Inhaltsangabe
- Die Inhaltsangabe steht im Präteritum.
- Wörtliche Rede wird als wörtliche Rede wiedergegeben.
- Die Handlungsschritte werden zusammengefasst.
- Am Ende einer Inhaltsangabe kann man den Text auch bewerten.

6 Aufsatz
- Eine Stoffsammlung ist nicht das Gleiche wie eine Gliederung.
- Bei einer einfachen Erörterung braucht man keine Einleitung.
- Bei einer einfachen Erörterung betrachtet man eine Fragestellung aus zwei Perspektiven.
- Am Schluss kann man auch eine Forderung oder Bitte äußern.

7 Wortarten und Satzglieder
- Nomen, Verben und Adjektive sind Wortarten.
- Subjekt, Prädikat und Objekt sind Wortarten.
- Das Prädikat bezieht sich auf das Subjekt.
- Das Objekt ist kein Satzglied.

8 Numerus und Kasus
- Beinahe alle Nomen haben eine Singular- und Pluralform.
- Das Wort „Mädchen" ist nur eine Singularform.
- Der Dativ antwortet auf die Frage „wem?".
- Das Subjekt kann auch im Akkusativ stehen.

9 Aktiv und Passiv
- Adjektive können Aktiv- und Passivformen haben.
- „Ich wurde gelobt" steht im Passiv.
- Jedes Verb kann auch im Passiv stehen.
- „Ich werde dich loben" steht im Aktiv.

10 Groß- und Kleinschreibung
- Satzanfänge, Eigennamen und Nomen werden immer großgeschrieben.
- Verben und Adjektive können substantiviert werden.
- Substantivierte Verben und Adjektive werden manchmal großgeschrieben.
- Die Anredefürwörter „sie" und „ihr" werden nur im Brief großgeschrieben.

11 Zeichensetzung
- Kommas setzt man nach dem Gefühl, es gibt keine Regeln.
- Zwischen Haupt- und Nebensatz steht ein Komma.
- Aufzählungen brauchen kein Komma.
- Zitate werden in Anführungszeichen gesetzt.

12 Texte planen
- Bei der Planung von Texten muss man darauf achten, an wen man sich wendet.
- Wenn man Sachinformationen sammelt, sucht man sie am besten nur im Internet.
- Ein Text kann auch gelingen, wenn man die Aufgabe nur ungefähr verstanden hat.
- Eine Gliederung hilft bei vielen Texten, alle wesentlichen Punkte zu erfassen.

13 Texte verfassen
- Richtig verwendete sprachliche Mittel tragen dazu bei, dass der Leser den Text besser verstehen kann.
- Wenn Texte gekürzt werden müssen, muss man nur beim Inhalt Textstellen streichen.
- Das korrekte Zitieren und die fehlerfreie Quellenangabe gehören zu einem guten Referat.
- Der Wortschatz gehört nicht zu der Wahl der Stilebene.

14 Texte überarbeiten
- Wenn der Text fertig ist, sollte man überprüfen, ob die Aufgabe richtig verstanden wurde.
- Ein Textverarbeitungsprogramm hilft einem auch bei Stilfragen.
- Ein gut geschriebener Text darf ruhig Rechtschreibfehler enthalten.
- Wenn ein anderer den Text liest, fallen Widersprüchlichkeiten eher auf.

Was für ein Schreibtyp bin ich?

Kreuze jeweils eine Auswahlmöglichkeit an.
Zähle anschließend die Punkte zusammen.

1 Du hast dich über eine Verhaltensweise eines Freundes/einer Freundin ganz gewaltig geärgert, bist dir aber nicht ganz sicher, ob du im Recht bist.

- Du schmeißt einen Teller gegen die Wand. (0)
- Du schreibst eine wütende SMS. (2)
- Du rufst die Person an, um mit ihr zu reden. (1)
- Du setzt dich in Ruhe hin und schreibst einen Brief oder eine E-Mail. (3)

2 Du planst eine Geburtstagsparty mit vielen Gästen, die versorgt werden wollen.

- Du machst dir eine Woche vorher einen schriftlichen Plan und überprüfst oder ergänzt ihn in der Vorbereitungszeit. (3)
- Du bittest deine Gäste, Essen, Getränke sowie Spiele mitzubringen. (0)
- Du legst dir deinen Plan im Kopf zurecht und hältst dich weitgehend daran. (1)
- Deine Mutter kann am besten organisieren, du überlässt ihr die Sache. (0)

3 In einem Schulfach wird von dir erwartet, dass du das vielfältige Sachwissen mitnotierst und zu Hause überarbeitest.

- Du schreibst zwar mit, kannst aber deine Notizen später nicht verstehen. (1)
- Du schreibst so gut mit, dass deine Notizen dir für das Lernen reichen. (2)
- Du lässt deine Nachbarin mitschreiben und kopierst dir den Zettel. (0)
- Du gestaltest deine Notizen zu Hause zu einem übersichtlichen Hefteintrag aus, den du auch nach Wochen noch gut benutzen kannst. (3)

4 Überprüfe deine Schulhefte bzw. den Ordner mit deinen Schulsachen.

- Alle Schulhefte sind sauber und zufriedenstellend geführt. (3)
- Die Arbeitsblätter im Ordner sind an der richtigen Stelle eingeheftet. (2)
- Du kannst nur einen Teil deiner Hefte finden, der Rest liegt im Bett. (1)
- Ordner? Deine Unterlagen führst du am liebsten lose mit. (0)

5 Für einen Englisch-Test musst du sehr viele Vokabeln wiederholen oder lernen.

- Du hast die Wörter aus dem Buch abgeschrieben und wiederholst mündlich. (2)
- Da du kein Vokabelheft führst, lernst du mithilfe des Schulbuchs. (1)
- Du legst das Schulbuch unter dein Kopfkissen und lernst so im Schlaf. (0)
- Du schreibst die Wörter, die du noch nicht beherrschst, noch einmal auf. (3)

6 Du musst in der Schule einen Deutschaufsatz schreiben.
- Du bist nervös, weil du jedes Mal nicht fertig wirst. (2)
- Du bist angenervt, weil dir sowieso immer zu wenig einfällt. (1)
- Du bist ganz ruhig, denn meistens gelingen dir die Aufsätze. (3)
- Du machst an diesem Tag blau. (0)

7 Bei einer Erörterung wurde dir ein interessantes Thema gestellt.
- Du beginnst sofort zu schreiben, weil du deine Meinung loswerden willst. (2)
- Du machst dir erst einmal eine Stoffsammlung, die du kritisch überprüfst. (3)
- Gegen Ende der Arbeitszeit fällt dir auf, dass du wesentliche Aspekte vergessen hast. (1)
- Du wählst ein anderes Thema. (0)

8 Zu den gestellten Aufsatzthemen fällt dir überhaupt nichts ein.
- Du gibst die leeren Seiten ab. (0)
- Du formuliert ein Thema so um, dass du etwas dazu schreiben kannst. (1)
- Du gibst dir 10 Minuten Zeit, um dich in einem Thema „warmzuschreiben" und stellst fest, dass dir beim Schreiben gute Gedanken gekommen sind. (3)
- Du machst zu allen Themen eine Stoffsammlung und wählst dann das Thema aus, zu dem dir am meisten eingefallen ist. (2)

9 Du sollst eine längere schriftliche Hausarbeit innerhalb von 14 Tagen schreiben.
- Du lässt das Thema 12 Tage gründlich auf dich wirken und schreibst am 13. Tag den hervorragenden Text. (2)
- Du schiebst die Arbeit vor dir her und zwingst dich, einen Tag vor Abgabetermin die Aufgabe fertigzustellen. (1)
- In der ersten Woche machst du dir Notizen und recherchierst. In der zweiten Woche machst du dich an die Schreibarbeit. (3)
- Du bittest deine Lehrkraft um eine Terminverlängerung. (0)

Punkte: ____________

Test und Selbsteinschätzungstest

Auswertung Test „Was kann ich?"

<table>
<tr><th>Lösung</th><th colspan="2">Tipp</th></tr>
<tr><td>1. 2, 4
2. 2, 4
3. 1, 3
4. 2, 3
5. 3, 4
6. 1, 4</td><td>Wenn du hier viele Fehler gemacht hast, solltest du die Seiten 10 bis 65 zu den Textsorten besonders gründlich bearbeiten.</td><td rowspan="2">Wenn du überall Fehler gemacht hast, ist dir das Buch eine wertvolle Lernhilfe. Solltest du aber nur 1 bis 4 Fehler haben, kannst du stolz auf dich sein und die folgenden Seiten als wertvolle Hilfe für Vertiefungsmöglichkeiten nutzen.</td></tr>
<tr><td>7. 1, 3
8. 1, 3
9. 2, 4
10. 1, 2
11. 2, 4
12. 1, 4
13. 1, 3
14. 1, 4</td><td>Wenn du hier viele Fehler gemacht hast, solltest du die Seiten 66 bis 111 zu den Arbeitstechniken besonders gründlich bearbeiten.</td></tr>
</table>

Auswertung Selbsteinschätzungstest „Was für ein Schreibtyp bin ich?"

0 – 6 Punkte: Alles, was mit Schreiben zu tun hat, ist vermutlich ein einziger Horror für dich. Aber keine Sorge, die folgenden Seiten können dir helfen, das Schreckensszenario zu verringern. Arbeite vor allem die Seiten 10 bis 65 (**Textsorten**) durch. Dort bekommst du nicht nur überschaubare Aufgaben, die dir den Umgang mit der Sprache erleichtern, sondern auch viele nützliche Schreibanregungen. Achte darauf, dass du den freien Notizraum selbstkritisch nutzt. Die Fähigkeit besser zu schreiben, wird dir nicht nur bei den Schulnoten helfen, sondern auch in vielen Lebenslagen. Dabei unterstützen dich die Übungen auf den Seiten 66 bis 111 (**Arbeitstechniken**).

7 – 13 Punkte: Du gehst dem Schreiben zwar gelegentlich aus dem Weg, kannst dich jedoch auch darauf einlassen. Die folgenden Seiten sind dazu geeignet, dich besser zu motivieren. Die Aufgaben auf den Seiten 10 bis 65 (**Textsorten**) zeigen dir, dass gewandtes Schreiben für den schulischen und alltäglichen Gebrauch sehr wichtig ist. Arbeite sie der Reihe nach durch und überprüfe deine Ergebnisse sorgfältig. Bei der Bearbeitung der Seiten 66 bis 111 (**Arbeitstechniken**) wirst du erkennen, dass bei richtigem Einsatz der Methoden viele Fehler vermieden werden können.

14 – 20 Punkte: Das Schreiben bereitet dir keine allzu großen Probleme, aber mit diesem Buch kannst du deine Leistungen in der Schule noch verbessern. Achte vor allem darauf, wo du noch Lücken hast und versuche, sie zu schließen. Wenn du dich bei Aufgabenstellungen in der Schule daran erinnerst, wirst du manchen möglichen Fehler vermeiden. Die Seiten 66 bis 111 (**Arbeitstechniken**) helfen dir, Schreibaufgaben zügig und zielorientiert durchzuführen.

21 – 27 Punkte: Mit schriftlichen Aufgabenstellungen kommst du gut klar. Vielleicht macht dir das Schreiben sogar richtig Spaß.
Aber aufgepasst: Mit Kreativität und Fantasie allein sind nicht alle schulischen Aufgaben zu bewältigen. Mit diesem Buch wirst du dein Fachwissen auffrischen und erweitern können. Außerdem kann es dir helfen, eine Themaverfehlung zu vermeiden. Vor allem die Aufgaben auf den Seiten 66 bis 111 (**Arbeitstechniken**) können dich zu einer „Schreibkanone" machen.

Merkheft

Tipp!

- Schneide das obere Drittel der Arbeitsseiten an der gestrichelten Linie entlang ab.
- Nun hast du ein kleines handliches Infoheftchen mit allen Merksätzen und deinen Notizen rund um das Thema „Texte schreiben".
- Auf den beiden Linien kannst du deinen Namen und das Thema des Heftchens eintragen.

Informieren

Bericht

Berichte informieren knapp und sachlich über ein abgeschlossenes Ereignis oder einen Tatbestand. Informationen in Form von *Diagrammen* oder *Statistiken* dienen oft als Grundlage für einen Bericht.

Berichte

- geben das Geschehen in der zeitlichen Reihenfolge wieder.
- dienen zur Beantwortung der 5 W-Fragen: Was geschah wann, wo und wie, wer war beteiligt?
- sind sachlich geschrieben, ohne eigene Meinung und ohne wörtliche Rede (Ausnahme: *Zitat*).
- werden im Präteritum geschrieben (Ausnahme: Überschriften in Zeitungsberichten).

Informieren

Bericht

Überfall im Supermarkt: Täter erpresst € 6000

Im Büro eines Supermarktes in der Agnes-Bernauer-Straße wurde am gestrigen Abend eine allein anwesende Angestellte überfallen. Der Täter, der auf noch ungeklärte Weise die Büroräume betreten konnte, bedrohte das Opfer mit einer Waffe und zwang es, den Tresor zu öffnen. Er verstaute das Geld in einer Plastiktüte, zerschnitt das Telefonkabel und warf das Handy der Angestellten in einen mit Wasser gefüllten Putzeimer, bevor er entkam. Der Täter wird wie folgt beschrieben: zwischen 20 und 30 Jahre alt, mit gedrungener Statur und blond gefärbten Haaren. Auffällig war der norddeutsche Akzent des Räubers. Hinweise werden erbeten unter der Telefonnummer 0123 456789.

1 Unterstreiche in diesem Text die 5 W-Fragen mit unterschiedlichen Farben.

2 Welche Verben stehen im Präsens und warum?

____

____

____

Unfallbericht

Ich verließ die Schule nach der letzten Stunde gegen 13.00 und schob mein Mofa bis zur Haupteinfahrt, wo ich es startete. Als ich auf die rechte Fahrspur einbog, übersah ich dort einen herannahenden Pkw, weil ich noch in Gedanken war. Gott sei Dank konnte der Fahrer noch bremsen, sodass er mich nicht mit voller Wucht, sondern nur leicht am Hinterrad anfuhr. Dennoch stürzte ich und zog mir dabei Schürfwunden zu, die immer noch schmerzen, und verstauchte mir den rechten Arm. In einer Werkstatt wurde festgestellt, dass die Schäden an meinem Mofa aus einer verbogenen Hinterachse und Kratzspuren im Lack bestehen. Wie die Polizei feststellte, bin ich der Unfallverursacher, wofür ich mich entschuldigen möchte.

→ 68

3 Streiche in diesem Unfallbericht alle unnötigen Angaben durch.

Bericht

Unsere Klassenfahrt

A Nach der Ankunft in der Jugendherberge bezogen die Schüler zunächst ihre Zimmer und trafen sich dann zum Abendessen. B Die Anfahrt zum Ziel der Klassenfahrt dauerte länger als geplant, da es auf der Autobahn mehrere Staus gab. C Höhepunkt war ein Lagerfeuer in einem alten Steinbruch, bei dem wir uns auf die kommenden Tage einstimmen wollten. D Hier wurde von Frau Kessel, unserer Klassenleiterin, der Vorschlag gemacht, auf einer Nachtwanderung die Umgebung auf eine ungewohnte Weise zu erkunden. E Ziemlich durchnässt erreichten wir die Jugendherberge und waren froh, ein trockenes Bett zu haben. F Ein Gewitter setzte jedoch diesem Beisammensein ein baldiges Ende. G Da Frau Kessel ihre Gitarre mitgenommen hatte, konnte sie uns sogar zum Singen verführen.

4 Bringe den Bericht über den Beginn einer Klassenfahrt in die richtige Reihenfolge.

5 Schreibe einen Bericht über die Entwicklung bei der Zahl von tatverdächtigen Jugendlichen.

Frühe Erfahrungen mit der Polizei

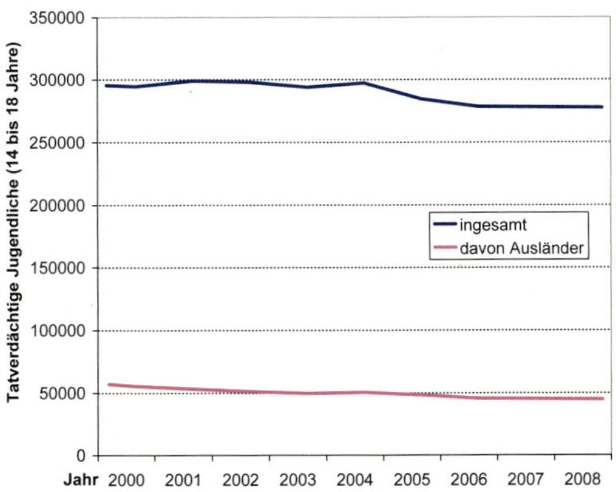

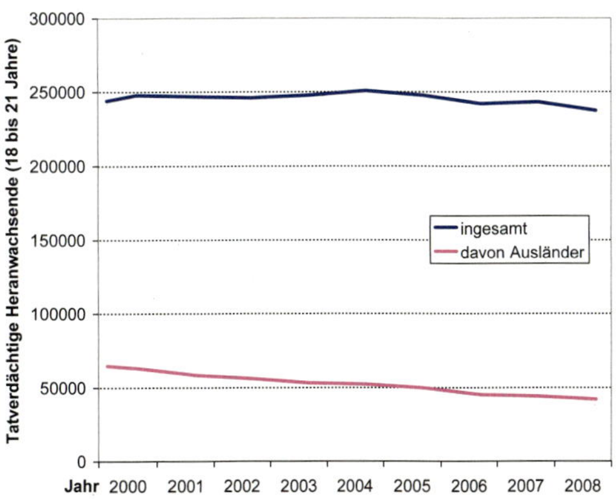

Schilderung

Eine Schilderung stellt ein Erlebnis oder einen Sachverhalt anschaulich dar. Sie spricht die Gefühle der Leser an.

- Schilderungen zeigen eine persönliche Sicht auf Begegnungen mit Menschen oder Tieren, Erlebnisse von Naturereignissen oder Reiseeindrücke.
- Sie werden mit anschaulichen und farbigen Verben und Adjektiven geschrieben.
- Bildhafte Beispiele und Vergleiche werden verwendet.
- Die Darstellung des Erlebten wird mit Gefühlen und Gedanken des Verfassers verbunden.
- Schildernde Texte brauchen nicht unbedingt eine Einleitung oder einen Schluss.
- Schilderungen können im Präsens oder auch Präteritum stehen.

Schilderung

Disko

Vor dem Eingang hat sich eine unruhige Schlange gebildet. Ich stehe hinter einer Gruppe von kichernden Mädchen, die unter ihren knappen Tops den gebräunten Bauch sehen lassen und natürlich das nagelneue Bauchnabelpiercing, glänzende Ringe mit und ohne Steinchen oder Kettchen. Sie haben sich schön gemacht für den Abend, der ja so viel bringen kann: stundenlang eingeölt und geföhnt, die Wimpern gebürstet und gefärbt, den unseligen Pickel bedeckt und die Nägel poliert. Ich sehe an mir herunter: Gegen diese Königinnen der Nacht bin ich ein braves und langweiliges Kaninchen, dabei fand ich mich vorhin noch recht unwiderstehlich in meinen knallengen Jeans und dem sündhaft teuren, glitzernden Pulli. Die wartenden Jungen haben es leichter gehabt, wahnsinnig cool sehen sie unter ihrer Baseballkappe aus und saugen an ihrer letzten Zigarette, die sie männlich macht und stark.

1 Unterstreiche in dieser Schilderung die anschaulichen Adjektive, Verben und Partizipien.

2 Welche Gefühle vermittelt die Verfasserin dem Leser? Kreuze an.

- ☐ Neid
- ☐ Unsicherheit
- ☐ Spannung
- ☐ Neugier
- ☐ Aufregung
- ☐ Gelassenheit

3 Durch welchen Vergleich und Gegensatz wird die Verfasserin beschrieben?

____

4 Suche jeweils drei anschaulichere Adjektive für folgende Begriffe.

schön	________	________	________
schlecht	________	________	________
groß	________	________	________
klein	________	________	________

Schilderung

5 Ergänze anschauliche Adjektive und Verben. 82

Die ____________ Türsteher lassen sich Zeit, während sie die Ausweise überprüfen. Ihr ____________ Blick erkennt ____________ das überschriebene Geburtsdatum oder das Bild, das nicht so recht zu der Person passt, die da ____________ vor ihnen steht. Sie reden nicht viel, diese Wächter vor den Toren der nächtlichen Verheißung, die über den weiteren Verlauf des Abends entscheiden, vielleicht über das Glück, das man hinter ihnen, in den von ____________ Bässen, von ____________ Lichtblitzen, von tausenden von Sehnsüchten erfüllten Hallen finden könnte. Jetzt bin ich dran. Ein ____________ Blick, ein ____________ Nicken, eine ____________ Handbewegung. Ich darf hinein.

6 Suche passende Vergleiche.

Beispiel: Türsteher = Wächter der nächtlichen Verheißung

schlechtes Zeugnis ____________________________

ärgerlicher Lehrer ____________________________

schöne Musik ____________________________

7 Schreibe eine Schilderung zu dem Thema: **Krank im Bett**.

Personenbeschreibung

Eine Personenbeschreibung dient meistens dazu, das Aussehen einer gesuchten oder vermissten Person sachlich, richtig und präzise wiederzugeben. Dabei gilt Folgendes:

- Geschlecht, ungefähres Alter und der Gesamteindruck (Figur, Größe, Haar und Frisur) sowie auffällige Merkmale (z. B. Narben) werden angegeben.
- Gesichtsform und -ausdruck sowie Augen, Nase und Mundpartie werden beschrieben.
- Weitere Merkmale wie Sprache, Kleidung, Haltung und Bewegung können erwähnt werden.
- Bei der Beschreibung kann vom Allgemeinen zum Besonderen oder von oben nach unten vorgegangen werden.
- Es werden nicht wertende, aber genaue Adjektive und Verben im Präsens benutzt.

Informieren

Personenbeschreibung

Frau auf Barhocker

Es handelt sich um eine weibliche/männliche Person im Alter von 20–30/40–50 Jahren mit einer hageren/mittelschlanken/korpulenten Figur.
Sie ist auffallend/durchschnittlich groß und hat eine dunkle/leicht gebräunte Hautfarbe.
Ihre kurzen/halblangen/langen Haare sind mittelblond/hellblond/schwarz.
Die Gesichtsform ist oval/eckig/rund, der Gesichtsausdruck ist düster/ernst/heiter.
Unter den buschigen/geschwungenen Augenbrauen erkennt man auffällig große/kleine/normalgroße blaue/braune Augen.
Der Mund ist schmal/wulstig/mittelgroß, die Nase leicht gebogen/hervorstehend/klumpig.
Sie trägt einen eng anliegenden/weiten schwarzen Pulli über der einfarbigen/beige gestreiften Hose.
Ihre Pumps/Stiefeletten/Straßenschuhe sind ebenfalls schwarz.

→ 106

1 Streiche die falschen Angaben in dieser Personenbeschreibung durch.

2 Notiere jeweils drei weitere beschreibende Formulierungen.

A Figur ______ ______ ______

B Hautfarbe ______ ______ ______

C Haare ______ ______ ______

D Körperhaltung ______ ______ ______

E Sprache ______ ______ ______

Personenbeschreibung

3 Diese Person ist sehr auffällig. Notiere die Angaben.

A Geschlecht und ungefähres Alter: ____________________

B Gesichtsform und Gesichtsausdruck: ____________________

C Augenbrauen: ____________________, Nase: ____________________

und Mund: ____________________

D Hals und erkennbare Kleidung: ____________________

E Haare und Frisur: ____________________

F besondere Merkmale: ____________________

4 Beschreibe die abgebildete Person.

Informieren

Vorgangsbeschreibung

Bei einer Vorgangsbeschreibung wird ein stets gleichbleibender Ablauf genau dargestellt. Das betrifft beispielsweise Gebrauchsanweisungen, Spielbeschreibungen oder auch Rezepte.
Es kommt darauf an, dass der Ablauf gut beobachtet und die zeitliche Reihenfolge eingehalten wird. Bei der schriftlichen Formulierung muss Folgendes beachtet werden:

- die richtige Reihenfolge der einzelnen Handlungsschritte,
- die sachliche Formulierung von klaren und kurzen Sätzen im Präsens,
- der genaue Ausdruck und auch Einsatz von verständlichen Fachwörtern und
- die treffende Verwendung von *Konjunktionen* und *Adverbialen*.

Informieren

Vorgangsbeschreibung

Einen Geldautomaten benutzen

Um bei einem Geldautomaten Geld abzuheben, benötigst du eine Geld- oder EC-Karte sowie ein Bankkonto, auf dem ein Guthaben ist. Du schiebst die Karte in Pfeilrichtung in den Kartenleser und wirst auf dem Display begrüßt.
Dann folgt eine Abfrage, bei der du angeben musst, ob du das Handy aufladen möchtest, den Kontostand erfahren willst oder Geld abheben möchtest. In den meisten Fällen gibst du auf dem berührungsempfindlichen Bildschirm die jeweilige Option ein. Gelegentlich gibt es auch Automaten, bei denen dies per Tastendruck erfolgen kann. Nun wirst du aufgefordert, deine Geheimzahl einzutippen, damit der Automat deine Zugangsberechtigung überprüfen kann. Wenn du die Option „Geld abheben" gewählt hast, erscheinen nun auf dem Bildschirm sechs Angaben von 50 € bis 300 €, von denen du eine auswählen kannst. Falls du eine andere Summe wünschen solltest, gibst du diese in ein gesondertes Feld ein.
Anschließend wirst du gebeten, einen Augenblick zu warten, bis die Geld- oder EC-Karte wieder herausgezogen werden kann. Erst jetzt wird die abgezählte Summe in dem Notenschacht des Automaten freigegeben. Nachdem du sie entnommen hast, schließt sich der Schacht und du wirst verabschiedet.

→ 76

1 Trage die richtige Reihenfolge beim Geldabheben ein.

A gewünschte Summe wählen **B** Geldkarte einschieben
C Geheimzahl eingeben **D** Geld entnehmen **E** Geldkarte herausziehen

1. ______ 2. ______ 3. ______ 4. ______ 5. ______

2 Unterstreiche im Text die Konjunktionen mit folgenden Farben:
Zeitverhältnisse – blau,
Bedingungen/Art und Weise – rot,
Ursache und Wirkung – grün.

Vorgangsbeschreibung

- -

3 Unterstreiche in dem Text die Fachbegriffe für folgende Sachverhalte rot.

82

A Bildschirm
B Wahlmöglichkeit
C Einrichtung für Geldausgabe
D Einrichtung für die Karteneingabe
E richtige Eingabe der Karte
F das Recht, Geld abzuheben

4 Ergänze in folgender Spielanweisung die fehlenden Formulierungen.

Jedes Sudoko-Rätsel besteht aus 9 ______________, die ______________ in 3x3-Kästchen unterteilt sind. Es befinden sich bereits einzelne ______________ von 1 – 9 über das gesamte Spielblatt ______________. Die leeren Felder müssen so ______________ werden, dass in jeder ______________, in jeder ______________ und in jedem der 3x3-Kästchen alle Zahlen von 1 – 9 einmal ______________. Du ______________ einen Bleistift und einen Radiergummi sowie Kombinationsgabe, um das Spiel korrekt zu ______________.

2	8		5			6		7
			9		8			4
4		3	7			2		
	6			9		4	7	2
			4	8	3			
9	4	1		6			5	
		5			2	9		1
8			3		9			
7		4			1		2	8

5 Schreibe eine Vorgangsbeschreibung zum Thema **Verhalten bei Vorstellungsgesprächen**. Benutze dabei die folgenden Inhalte und verknüpfe sie mithilfe von Konjunktionen zu einem flüssig formulierten Text.

88

A Einladung erhalten/sich über die Firma informieren
B angemessene Kleidung auswählen
C Kopien der Bewerbungsunterlagen zusammenstellen
D Anfahrtsweg herausfinden/keinesfalls zu spät kommen
E Personalchef begrüßen/auf Platzzuweisung warten
F Fragen klar und wahrheitsgetreu beantworten
G selbst Fragen zu Unternehmen und Ausbildungsplatz stellen
H sich höflich verabschieden
I nach dem absehbaren Entscheidungszeitraum fragen
J Ablehnung erhalten/sich nach den Gründen erkundigen
K wertvolle Hinweise für zukünftige Vorstellungsgespräche

Protokoll

In einem Verlaufsprotokoll wird eine ausführliche Mitschrift von den Beiträgen eines Gespräches, einer Verhandlung oder einer Konferenz angefertigt.
Gebräuchlicher ist das Ergebnisprotokoll welches nur auf die einzelnen Beschlüsse eingeht.
Protokollführer müssen auf Folgendes achten:

- Angaben für den Protokollkopf (Protokollanlass, Thema, Ort, Zeit, Anwesende, Tagesordnung) notieren.
- Das Präsens und in Verlaufsprotokollen die indirekte Rede verwenden sowie knapp und sachlich formulieren.
- Datum und Unterschriften (Protokollführer und Gesprächsleiter) nicht vergessen.

Protokoll

Protokoll

über ______________________________

____

am ______________________________

Ort ______________________________

Zeit von ______________ bis ______________
Anwesende: OStDir Dr. Bachmann (Vorsitzender des Disziplinarausschusses), StDir Klein, StR Seifert, StRef Knut

Tagesordnung ______________________________

____

→ 80

1 Entwickle den Protokollkopf für folgenden Protokollanlass.

Am 13. April 2011 findet im Kollwitz-Gymnasium zwischen 10.00 Uhr und 10.10 Uhr im Raum E 4 eine Sitzung des Disziplinarausschusses über die Androhung der Entlassung des Schülers Benno Gebbert, Klasse K10, statt. Protokollführer ist StR Seifert.

2 Die Eröffnung der oben genannten Sitzung wird in einem Verlaufsprotokoll folgendermaßen zusammengefasst. Unterstreiche die Verben des Sagens und Meinens (Verba dicendi):

„Herr OStDir Dr. Bachmann erläutert den Anlass der Sitzung und bittet Herrn StRef Knut um einen Bericht über den Vorfall."

Protokoll

3 Formuliere diese Gesprächsbeiträge für ein Verlaufsprotokoll. Achte dabei auf die indirekte Rede und unterstreiche die Verba dicendi.

Herr Knut	„Also, ich habe die Mathearbeit zurückgegeben. Der Benno hat eine Fünf geschrieben und wollte mit mir über die Note diskutieren. Als ich nicht nachgab, hat er seine Arbeit zu einem Papierflieger zusammengefaltet aus dem Fenster gleiten lassen." (Herr Knut berichtet, dass ...)
Herr Seifert	„Herr Knut, ich sehe ja total ein, dass das ein unzumutbares Verhalten war. Aber ich habe neulich mit der Mutter gesprochen. Die Familie steckt momentan in Schwierigkeiten und ich glaube, der Benno reagiert darauf." (Der Klassenlehrer Herr StR Seifert merkt an, dass ...)
Dr. Bachmann	„Holen wir den Schüler herein ... Hallo Benno, du weißt, dass es um die Androhung der Entlassung geht. Was hast du dazu zu sagen?"
Benno Gebbert	„Also, ich habe da einfach überreagiert, weil ich mich so geärgert habe. Ich habe so lange für die Arbeit gepaukt – und dann die Fünf! Herr Knut, bitte entschuldigen Sie meinen Ausbruch. Es kommt bestimmt nicht wieder vor."
Dr. Bachmann	„Gut. Du kannst jetzt gehen. Morgen erfährst du unsere Entscheidung. ... Also, meine Damen und Herren, bitte stimmen Sie ab. ... Herr Knut stimmt für die Androhung, die restlichen Lehrkräfte dagegen. Damit erhält der Schüler erst einmal keine Disziplinarstrafe. Die Sitzung ist beendet."

4 Das Ergebnisprotokoll hat den gleichen Protokollkopf, ist jedoch viel knapper. Setze den Text richtig zusammen.

in aller Form – beschließt der Disziplinarausschuss – nachdem sich Benno Gebbert – mit 3 Stimmen gegen eine – auf die Androhung der Entlassung – bei Herrn Knut entschuldigt hat, – zu verzichten

5 Ergänze die Unterschriften am Schluss des Protokolls.

(Datum / Protokollführer) (Datum / Vorsitzender des Disziplinarausschusses)

Tipp! Nutze Abkürzungen beim Protokollieren. Überlege: Was ist wichtig für das Protokoll?

Informieren

Exzerpt

Mithilfe eines Exzerpts kann ein Text auf die wesentlichen Aussagen verkürzt werden.

- In Exzerpten werden die wesentlichen Aussagen der Absätze eines Textes zusammengefasst und zu einem verständlichen Text verknüpft.
- Das Exzerpt beginnt mit der Quellenangabe und mit dem Basissatz, der die Thematik des Textes umreißt.
- Exzerpte dienen zur Vorbereitung von Leistungstests und als Materialsammlungen für *Referate*.

Informieren

Exzerpt

Was den Deutschen wichtig ist
Die Meinungsforscher aus Allensbach und ihr Moral-Barometer

Allensbach (san) Die Bibel lehrt, dass man seine Eltern achten und ehren soll. Kaum jemand hat Verständnis, wenn dieses Gebot nicht befolgt wird: 79 % der Bevölkerung in Deutschland betonen, dass eine Missachtung der Eltern für sie unter keinen Umständen akzeptabel ist, so die Moral-Umfrage des Instituts für Demoskopie in Allensbach.

„Diese große Übereinstimmung in der Bevölkerung ist nicht selbstverständlich, sondern erst in den letzten Jahren entstanden", schreiben die Meinungsforscher, die in regelmäßigen Abständen nach der Moral der Deutschen fragen. Im Jahr 2000 war nur für 65 Prozent die Verachtung der Eltern bedingungslos verboten.

Auch andere Haltungen wurden erfragt: 76 % halten es unter keinen Umständen für akzeptabel, mit zu viel Promille Auto zu fahren. Auf der Verbotsliste steht auch der Sozialbetrug. Wenn jemand unberechtigt Krankengeld oder Arbeitslosengeld in Anspruch nimmt, sagen 71%: „Das darf man auf keinen Fall." Mitte der 90er-Jahre sagten das erst 64 Prozent. Aber nur jeder Vierte lehnt Schwarzarbeit unter allen Umständen ab.

Aus: Main Post, 1.11.2007

1 Welchen Beginn hältst du für das Exzerpt für richtig?

A Der vorliegende Text wurde am 1.11.2007 veröffentlicht und erzählt von der Befragung von Deutschen.

B Der vorliegende Text wurde am 1.11.2007 in der Main Post veröffentlicht und gibt die Ergebnisse einer Moral-Umfrage des Instituts für Demoskopie in Allensbach wieder.

D Der vorliegende Text wurde am 1.11.2007 in der Main Post veröffentlicht und behandelt das Moral-Barometer der Deutschen.

2 Unterstreiche die wesentlichen Aussagen des 2. und 3. Absatzes.

→ 90

3 Während du die Zusammenfassung des 1. und 2. Absatzes dem Text entnehmen kannst, musst du sie beim 3. Absatz selbst formulieren. Benutze dabei folgende Inhalte: 76 % Autofahren nach Alkoholkonsum – 71 % Sozialbetrug – 25 % Schwarzarbeit

Exzerpt

4 Unterstreiche in dem folgenden Exzerpt die *Konjunktionen* und Formulierungen, die die einzelnen Aussagen miteinander verknüpfen.

88

Der vorliegende Text wurde am 1.11.2007 in der Main Post veröffentlicht und gibt die Ergebnisse einer Moral-Umfrage des Instituts für Demoskopie in Allensbach wieder. Darin wird deutlich, dass für 79 % der Bevölkerung in Deutschland eine Missachtung der Eltern unter keinen Umständen akzeptabel ist. Dagegen war im Jahr 2000 nur für 65 Prozent die Verachtung der Eltern bedingungslos verboten. 76 % der Deutschen lehnen überdies überhöhten Alkoholkonsum am Steuer ab. Außerdem sind die meisten Befragten, nämlich 71 %, auch gegen Sozialbetrug, also gegen unberechtigte Inanspruchnahme von öffentlichen Geldern. In Schwarzarbeit allerdings sieht nur jeder Vierte ein moralisches Vergehen.

5 Schreibe ein Exzerpt zu dem Text.

In vielen Familien wird nicht mehr regelmäßig mittags oder abends gemeinsam gegessen, was ein Grund ist, warum Tischsitten mehr und mehr aus der Mode geraten. Dabei ist es nach wie vor wichtig zu wissen, wie man Messer und Gabel richtig benutzt. Wer die Kartoffel auf die Messerspitze spießt und mit der Gabel in der Salatschüssel nach den Leckerbissen sucht, liegt also voll daneben. Das Handgelenk befindet sich immer auf der Höhe der Tischkante. Man beginnt mit der Mahlzeit erst, wenn alle am Tisch sitzen und vermeidet jegliches Schmatzen, Schlürfen oder Rülpsen. Außerdem nimmt man sich nur so viel, wie man essen kann und hinterlässt den Teller nicht halb voll. Papierservietten werden nicht in den Soßenrest auf dem Teller geknüllt, sondern gesondert entsorgt und man steht erst dann vom Tisch auf, wenn alle die Mahlzeit beendet haben.

Tipp! Auf nummerierten Karteikarten sind Exzerpte eine hilfreiche Stütze für ein Referat.

Inhaltsangabe

In einer Inhaltsangabe wird ein literarischer Text oder ein Film knapp, sachlich und genau zusammengefasst:

- In der Einleitung werden Titel, Verfasser, Textsorte, Hauptpersonen, Ort und Zeit des Geschehens sowie die grundlegende Thematik des Textes genannt.
- Im Hauptteil werden die Handlungsschritte zusammengefasst. Die einzelnen Handlungsschritte, die sich ergeben, wenn eine neue Person auftaucht oder das Geschehen eine neue Entwicklungsstufe erreicht, werden dabei unterschieden.
- Der Schluss besteht aus einer knappen Bewertung des Textes.
- Eine Inhaltsangabe wird im Präsens bzw. im Perfekt verfasst.

Inhaltsangabe

Mann über Bord

Der Wind wehte nicht so stark. Bei einem Schlingern des Schiffs verlor der Matrose, angetrunken und leichtfertig tänzelnd, das Gleichgewicht und stürzte von Deck. Der Mann am Ruder sah den Sturz und gab sofort Alarm. Der Kapitän befahl, ein Boot auf das mäßig bewegte Wasser hinunterzulassen, um den langsam forttreibenden Matrosen zu retten.
Die Mannschaft legte sich kräftig in die Riemen, und schon nach wenigen Schlägen erreichte sie den um Hilfe Rufenden. Sie warfen ihm einen Rettungsring zu, an den er sich klammerte. Im näher schaukelnden Boot richtete sich im Bug einer auf, um den im Wasser Treibenden herauszufischen, doch verlor der Retter selbst den Halt und fiel in die Fluten, während eine ungeahnte hohe Woge das Boot seitlich unterlief und umwarf.
Der Kapitän gab die Anweisung, auf die Schwimmenden und Schreienden mit dem Dampfer zuzufahren. Doch kaum hatte man damit begonnen, erschütterte ein Stoß das Schiff, das sich schon zur Seite legte, sterbensmüde, den stählernen Körper aufgerissen von einem zackigen Korallenriff, das sich knapp unter der Oberfläche verbarg. Der Kapitän versackte wie üblich zusammen mit dem tödlich verwundeten Schiff.
Er blieb nicht das einzige Opfer: Haie näherten sich und verschlangen, wen sie erwischten. Wenige der Seeleute gelangten in die Rettungsboote, um ein paar Tage später auf der unübersehbaren Menge salziger Flüssigkeit zu verdursten. Der Matrose aber, der vom Dampfer gestürzt war, geriet unversehrt in eine Drift, die ihn zu einer Insel trug, auf deren Strand sie den Erschöpften warf; dort wurde er gefunden, gepflegt, gefeiert als der einzige Überlebende der Katastrophe, die er selber als die Folge einer Kesselexplosion schilderte, welche ihn weit in die Lüfte geschleudert habe, sodass er aus der Höhe zusehen konnte, wie die Trümmer mit Mann und Maus versanken.
Von dieser Geschichte konnte der einzig Überlebende auf jener Insel trefflich leben; Mitleid und das Hochgefühl, einen seines Schicksals zu kennen, ernährten ihn. Nur schien den Leuten, dass sein Verstand gelitten haben musste: Wenn ein Fremder auftauchte, verschwand der Schiffbrüchige, erblassend und zitternd und erfüllt von einer Furcht, die keiner deuten konnte: ein stetes Geheimnis und daher ein steter Gesprächsstoff für die langen Stunden der Siesta.

Günter Kunert

1 Formuliere den Einleitungssatz einer Inhaltsangabe zu dem Text **Mann über Bord.**

Inhaltsangabe

2 Bringe die einzelnen Handlungsschritte in die richtige Reihenfolge. → 66

A Die gesamte Besatzung kommt ums Leben, während der Matrose zu einer Insel getrieben wird, wo ihn die Einwohner pflegen und aufnehmen.
B Ein angetrunkener und leichtfertiger Matrose fällt auf hoher See von einem Schiff ins Wasser, woraufhin sofort Rettungsversuche eingeleitet werden.
C Er stellt das Schiffsunglück fälschlicherweise als Folge einer Kesselexplosion dar.
D Der Schiffbrüchige verbringt sein weiteres Leben auf der Insel, geht jedoch zur Verwunderung der Inselbewohner jedem Fremden furchtsam aus dem Weg.
E Während Kameraden ihn zu retten versuchen, stürzen sie selbst ins Wasser.
F Gleichzeitig läuft das Schiff auf ein Korallenriff auf und versinkt.

1. ______ 2. ______ 3. ______ 4. ______ 5. ______ 6. ______

3 Unterstreiche im Originaltext die Stellen, die so zusammengefasst wurden.

A … woraufhin sofort Rettungsversuche eingeleitet werden.
B Während einige Kameraden ihn zu retten versuchen, stürzen sie selbst ins Wasser.
C Gleichzeitig läuft das Schiff auf ein Korallenriff auf und versinkt.
D Die gesamte Besatzung kommt ums Leben …
E … geht jedoch zur Verwunderung der Inselbewohner jedem Fremden furchtsam aus dem Weg.

4 Unterstreiche bei Aufgabe 3 sämtliche *Konjunktionen*, die die *kausalen* und *temporalen* Verknüpfungen des Geschehens herstellen.

5 Schreibe eine Inhaltsangabe des Märchens „Hänsel und Gretel" zu folgenden Stichpunkten.

Hänsel und Gretel von Stiefmutter unerwünscht – Vater bringt sie zweimal vergeblich in den Wald – beim dritten Mal finden die Kinder nicht zurück – sie geraten an ein Lebkuchenhaus und essen davon – die darin wohnende Hexe sperrt Hänsel in einen Käfig, um ihn zu mästen – nach einer Weile gelingt es Gretel, Hänsel zu befreien – die Kinder schieben die Hexe in den Backofen, wo sie umkommt – sie finden aus dem Wald und werden von dem mittlerweile verwitweten Vater freudig empfangen

Informieren

Sachlicher Brief

Der sachliche Brief wendet sich an Behörden, Betriebe oder Personen, mit denen man vertraglich oder geschäftlich verbunden ist oder verbunden sein möchte.
Man muss dazu
- einen korrekten Betreff, eine Anrede und eine Grußformel verwenden.
- den Text in sinnvolle Abschnitte gliedern.
- das Anliegen eindeutig und leicht verständlich formulieren.
- in jedem Fall höflich und gewandt und fehlerfrei schreiben.
- auf eine korrekte äußere Form des Briefes achten.

Auch in E-Mails sollte man diese Regeln beachten.

Informieren

Sachlicher Brief

Katrin Kermann
Koloniestraße 23
12345 Klensdorf

Drehmann GmbH
Frau Heidenreich
Stigmeierweg 3
12355 Klensdorf

Bewerbung um einen Praktikumsplatz Klensdorf, 2010-03-10

Sehr geehrte Frau Kermann,

bei unserem Telefongespräch am 3. März teilten Sie mir mit, dass Ihr Unternehmen Betriebspraktika für Schüler anbietet. Mit diesem Schreiben möchte ich mich bewerben und Ihnen die gewünschten Informationen und Unterlagen übersenden.
Ich bin Schülerin der Klasse 9b des Deutschmann-Gymnasiums. Um einen besseren Einblick in die Arbeitswelt zu bekommen, würde ich gerne die ersten 3 Wochen der Sommerferien, also vom 12. Juli 2010 bis zum 30. Juli 2010, in Ihrem Unternehmen als Praktikantin tätig sein. Ich bin sprachgewandt und kontaktfreudig, außerdem beherrsche ich die Textverarbeitung mit Word.
Bei einem Vorstellungsgespräch können Sie feststellen, in welchen Bereichen Ihres Unternehmens ich tätig sein könnte.
Ich freue mich auf eine Zusage.

Mit freundlichen Grüßen

Katrin Kermann

Anlagen:
1. Lebenslauf
2. Halbjahreszeugnis 2009/2010

Sachlicher Brief

1 Ordne die Bestandteile eines Briefes richtig zu: Brieftext, Adresse, Anrede, Briefkopf, Betreff, Anlagenvermerk, Datum, Unterschrift, Grußformel. → 100

2 Katrin kann den Termin für das Vorstellungsgespräch nicht wahrnehmen. Bringe die Stichworte für das Antwortschreiben in die richtige Reihenfolge.

A langfristig geplanter Urlaub zwischen dem 19. und 23. Mai
B Dank für die schnelle Antwort mit Terminvorschlag
C Angebot, dass ab dem 26. Mai jeder Nachmittagstermin geeignet wäre
D Bedauern, dass am 20. Mai 2010 eine Vorstellung nicht möglich ist
E Hoffnung, dass der Praktikumsplatz dennoch freigehalten werden kann

1. ______ 2. ______ 3. ______ 4. ______ 5. ______

3 Nutze die Stichworte von Aufgabe 2 für eine E-Mail in der korrekten Form.

4 Du hast ein kostenloses Probeabonnement der Zeitschrift Power rechtzeitig gekündigt. Du erhältst die Zeitschrift weiter sowie eine Rechnung. Streiche jeweils die falsche Formulierung deiner schriftlichen Reaktion durch.

A (Betreff) Unzulässige Rechnung / Probeabonnement Power XL 3789
B Sehr geehrte Damen und Herren / Sehr geehrte Vertriebsabteilung
C Das oben genannte Probeabonnement ist unzulässigerweise weitergeführt worden. / Das oben genannte Abonnement wurde fristgerecht am 20. März gekündigt.
D Aus diesem Grund lehne ich die Begleichung Ihrer Rechnung 2318 vom 13. April ab. / Keinesfalls werde ich Ihre Rechnung bezahlen.
E Als Ausgleich für diesen Brief werde ich die Zeitschrift einbehalten. / Die zugesandte Zeitschrift liegt zur Abholung bereit.
F Mit freundlichen Grüßen / Hochachtungsvoll

5 Schreibe eine Bewerbung für ein Ferienpraktikum in deinem Wunschberuf. → 102–105

Tipp! Die äußere Form eines Briefes, z. B. der Zeilenabstand oder die Schreibweise des Datums, ist genau festgelegt: DIN-Regel 676 und 5008.

Lebenslauf

Der Lebenslauf informiert übersichtlich über Lebensdaten, Ausbildung, Arbeitserfahrungen und über zusätzliche Qualifikationen.

- Er wird überwiegend tabellarisch erstellt, gelegentlich auch handschriftlich gefordert.
- Wichtig ist die Lückenlosigkeit und die Nachvollziehbarkeit der Angaben.
- Bei Ausbildungsplatzsuchenden sind Angaben zu Eltern und Geschwistern erwünscht.
- Nur aussagekräftige Hobbys oder besondere Kenntnisse sollten erwähnt werden.
- Der Lebenslauf wird unterschrieben und mit dem aktuellen Datum versehen.
- Ein von einem Fotografen erstelltes Passfoto wird hinzugefügt, wenn es nicht bereits auf dem Deckblatt zur Bewerbung vorhanden ist.

Informieren

Lebenslauf

Grundschule	11.8.2001 – 29.6.2005 Rudolf-Alexander-Schröder-Schule Regensburg	A
Realschule	13.8.2005 – bis voraussichtlich 25.6.2011 Güstrowrealschule Regensburg	
Name	Konrad Thomas Tewes	B
Geburtstag/-ort	10.12.1994 in Hannover	
Eltern	Stefan Tewes, Filialleiter Maria Harms-Tewes, Chefeinkäuferin	
Nationalität	Deutsch	
Persönliche Daten		C
	25.8.2008 – 8.9.2008 Rewe-Markt Heidenstraße, Regensburg 13.3.2010 – 20.03.2010 Kindergarten St. Paul, Albrechtstraße, Regensburg	D
Schulausbildung		E
	Gute Englischkenntnisse Aktiver Basketballer beim Sport Club Regensburg Mitwirkung bei der Vereinsorganisation	F
Praktika		G
	Aushilfstätigkeiten im Rewe-Markt Heidenstraße, Regensburg seit Oktober 2008	H
Berufserfahrungen		I
Besondere Fähigkeiten		J

Regensburg, 13. Februar 2010

Konrad Tewes

Lebenslauf

1 Ordne die Angaben des Lebenslaufes. → 78

1. ___ 2. ___ 3. ___ 4. ___ 5. ___ 6. ___ 7. ___ 8. ___ 9. ___ 10. ___

2 Lies den folgenden Lebenslauf und streiche die unnötigen Angaben durch.

Lebenslauf

Ich, Mara Anke Engelmann, wurde am 11. September 1994 in der Kreisstadt Ochsenfurt geboren. Meine Eltern, Rainer und Karin Engelmann, sind beide Realschullehrer an der gleichen Schule, die ich auch besuche. Ich besuchte nach dem Kindergarten von September 2000 bis Juli 2004 die Adalbert-Stifter-Grundschule in meinem Heimatort. Die Probezeit für das Gymnasium hatte ich leider nicht geschafft. Anschließend trat ich daher im September 2004 auf die Landkreis-Realschule Ochsenfurt über. Ich werde wegen einer längeren Erkrankung voraussichtlich erst im Frühsommer 2010 meine mittlere Reife ablegen. Meinen Zeugnissen können Sie entnehmen, dass ich den sozialen Zweig gewählt habe.
Aus diesem Grund legte ich meine Praktika im Juni 2008 sowie im Oktober 2009 im Altenheim St. Christophorus ab. Dass ich dort gute Dienste geleistet habe, bezeugen auch meine Praktikumsnachweise. Ich bin Mitglied des Bund Naturschutz und interessiere mich sehr für den Erhalt der Umwelt sowie Tierschutz. Mein größtes Hobby ist mein Pferd Ute sowie die Züchtung und der Verkauf von Zwergkaninchen.
Mit freundlichen Grüßen
Ochsenfurt, 8. Mai 2010 Mara Engelmann

3 Ergänze passende Verben.

eine Schule	___	eine Schulausbildung	___
ein Praktikum	___	einer Nebentätigkeit	___
einem Verein	___	ein Hobby	___
Kenntnisse	___	Fähigkeiten	___

4 Erstelle deinen tabellarischen Lebenslauf. → 92

Tipp! Informationen zu Bewerbungsunterlagen gibt es bei der Bundesagentur für Arbeit: www.planet-beruf.de (Stichwort: Bewerbungstraining).

Leserbrief

In einem Leserbrief können Leser zu einem Artikel in einer Zeitung oder Zeitschrift Stellung nehmen oder ein aktuelles Ereignis kommentieren. Damit der Leserbrief veröffentlich wird, sollte Folgendes beachtet werden:

- den Artikel bzw. den Sachverhalt nennen, auf den man sich bezieht,
- knapp, verständlich und eindeutig eine Meinung formulieren,
- sachlich bleiben und nicht vom Thema abschweifen,
- Beleidigungen, persönliche Angriffe oder unflätige Sprache vermeiden,
- den vollständigen Namen mit Adresse angeben, auch wenn diese Angaben nur verkürzt abgedruckt werden.

Ob oder wann ein Leserbrief veröffentlicht wird, entscheidet die Redaktion.

Argumentieren

Leserbrief

15-jährige mit 1,5 Promille

Total betrunken wurde in der Nacht zum Sonntag ein 15-jähriges Mädchen in der Nähe der Diskothek Alabama aufgefunden. Die Jugendliche, die keine Ausweispapiere bei sich trug, hatte sich auf der Grünfläche neben einer Parkbucht schlafen gelegt. Da sie nicht vernehmungsfähig war, übernachtete sie in der Polizeistation. Erst am Sonntagmittag wurde sie von den Eltern als vermisst gemeldet und anschließend nach Hause gebracht.

Leserbriefe, die als Reaktion auf die Meldung im Mainboten veröffentlicht wurden.

A Zu Ihrer Meldung **15-jährige mit 1,5 Promille**
Nicht die Jugendliche hätte im Knast landen sollen, sondern ihre Eltern zusammen mit dem Diskothekenbesitzer Wolfgang Adami, der schon mehrmals angezeigt worden ist, weil in seinem Schuppen das Jugendschutzgesetz nicht eingehalten wird. K. E., Albertsheim

B Zu Ihrem Artikel über die heutige Jugend
Ich war ja so schockiert, als ich diese Meldung las. Auch wir waren früher keine Engel, das kann ich als 80-jähriger pensionierter Lehrer wohl sagen, aber allein schon das Nazi-Regime hat uns von derartigen Exzessen abgehalten. Schlimm wie die Zeit ausgegangen ist, aber so etwas kam einfach nicht vor. Dr. Anonymus

C An die Redaktion des Mainboten
Harte Maßnahmen notwendig:

1. Sofortige Schließung jedes gastronomischen Betriebs, in dem sich betrunkene Minderjährige aufhalten.
2. Hohes Bußgeld für die Eltern, die ihre Aufsichtspflicht nicht wahrnehmen.
3. Mehrwöchiger Aufenthalt in einem Erziehungsheim für Jugendliche, die betrunken aufgegriffen werden. Nur so kann diese zunehmende Verwahrlosung Jugendlicher gebannt werden.

1 Gib an, in welchen Texten diese Fehler vorkommen.

fehlende Angaben ___ nicht sachbezogen ___ zu subjektiv ___

persönliche Angriffe ___ ungenauer Bezug ___ Umgangssprache ___

Leserbrief

2 Die Erziehungsberaterin Katarina Meissner aus Neustadt möchte den Entwurf für folgenden Leserbrief kürzen und dann korrekt absenden.
Ergänze die fehlenden Angaben. Streiche die weniger notwendigen Textstellen durch.

→ 100

Es kommt zurzeit häufiger vor, dass junge Mädchen es in Bezug auf Aggressionsbereitschaft und Trinkverhalten mit dem männlichen Geschlecht aufnehmen wollen. Zunehmend liest man von weiblichen Jugendlichen, die Passanten anpöbeln, sich prügeln oder auch in der Familie ihre Aggressionen auslassen. Auch in ihrem Trinkverhalten versuchen Mädchen, die Jungen auszustechen und aktive Teilnehmer beim „Komasaufen" zu sein. Das überkommene Bild von der eher schüchternen, angepassten und braven jungen Frau gilt nicht mehr. Aber wie kommt es dazu? Der Buchtitel: „Brave Mädchen kommen in den Himmel, böse Mädchen kommen überall hin" weist darauf hin, dass man sich heutzutage als Frau in einer Männergesellschaft anders behaupten will. In vielen Familien sehen die Mädchen eine mehrfach belastete Mutter, die im Vergleich zu Männern finanziell benachteiligt, beruflich behindert und emotional ausgebeutet wird.
Vielleicht muss man das in Ihrer Meldung erwähnte Fehlverhalten auch in dem Zusammenhang sehen, dass manche Mädchen in ihrem Selbstbehauptungswillen den falschen Weg gehen. Sie wollen nicht den Weg ihrer Mütter einschlagen, bei denen die Emanzipation gerade so weit geführt hat, dass sie nicht arbeiten dürfen, sondern arbeiten müssen, um die Kinder durchzubringen. Andererseits gibt es Vorbilder für selbstbewusste, unabhängige Mütter nur bei Prominenten oder Großverdienern in einer Welt, die für diese Mädchen unerreichbar ist. Also werden sie lieber unangenehm auffällig als angenehm unauffällig.
Was wir brauchen, sind nicht nur kluge, nervenstarke Mütter und weise, lebenserfahrene Erzieherinnen, sondern ein völlig neues gesellschaftliches Konzept.

3 Du möchtest auf den dritten Leserbrief C **Harte Maßnahmen notwendig** reagieren. Formuliere einen Leserbrief mit folgenden Einwänden.

A Trotz gründlicher Ausweiskontrollen – Minderjährige – gefälschte Dokumente – Zutritt zu Diskotheken
B Auch verantwortungsvolle Eltern – scheitern – Pubertätstrotz – falsche Freunde
C Erziehungsheim falscher Ort – zusätzlich negativer Einfluss – besser Sozialdienst

Kommentar

In einem Kommentar wird die persönliche Meinung zu einem Ereignis oder Sachverhalt geäußert.
Man findet Kommentare in allen Medien, auch bei Bewertungen im Internet.
Mithilfe von Kommentaren kann man zur Meinungsbildung der Leser beitragen. Dazu sollte man Folgendes beachten:

- zunächst den kommentierten Sachverhalt eindeutig benennen,
- Fakten und Standpunkte abwägen,
- mithilfe der Stellungnahme zu einer Bewertung kommen
- und diese eindeutig und verständlich formulieren.

Wortspiele, *Ironie*, *rhetorische Fragen* und natürlich auch wertende Adjektive oder Verben verstärken die Wirkung eines Kommentars.

Argumentieren

Kommentar

Lehrerschelte

Schon in erster Instanz ist eine Lehrerin gerichtlich abgeschmettert worden, die ihre Beurteilung in einem Schüler-Internetportal verbieten lassen wollte. Auf „spickmich.de" können Lehrer also weiterhin bewertet werden. Kategorien wie Unterrichtsvorbereitung, Fairness oder das Verhältnis zu Schülern dürfen mit einer Notenskala von Eins bis Sechs versehen werden. Öffentliche Pauker-Verunglimpfung? Unkontrolliertes Anschlagbrett für hemmungslose Schüler-Attacken? Freigabe zum Abschuss redlicher Pädagogen, die doch nur das Beste wollen? In manchen Lehrerzimmern kocht es. Wie? Ist es denn nicht seit Urzeiten ein Naturgesetz, dass Schüler diejenigen sind, die gemahnt, benotet und be-, manchmal sogar verurteilt werden? Damit sie pünktlich, leistungsbereit und höflich sind? Ist es nicht eine perverse Verkehrung der Verhältnisse, wenn nun auch die „Untergebenen" ihre Stimme erheben können? Nein, sehr geehrte Damen und Herren des Lehrkörpers. Die Art und Weise wie Sie Ihren pädagogischen Auftrag erfüllen, darf durchaus von denen bewertet und beurteilt werden, denen dieser Auftrag fünf Tage in der Woche gilt, das ist nur demokratisch. Und Pünktlichkeit, Leistungsbereitschaft sowie Höflichkeit sind durchaus Kriterien, an denen sich auch ein Lehrer messen lassen können muss. Schließlich: In dem genannten Portal wird nicht die Persönlichkeit des Lehrers bewertet, sondern seine berufliche Tätigkeit. Und das ist nicht nur das Recht des Schulleiters oder Schulrats, sondern auch des „Schulvolks". Auch so lernen Schüler, dass Demokratie nicht nur ein leeres Wort ist.

→ 96

1 Markiere folgende Bestandteile des Kommentars mit unterschiedlichen Farben.

A Bezug auf den kommentierten Sachverhalt
B Abwägung der Fakten und Standpunkte
C Stellungnahme und Bewertung

2 Suche zu folgenden Formulierungen die wertenden Entsprechungen im Text.

A ablehnen ____________________

B sich aufregen ____________________

C Abwertung von Lehrern ____________________

D scharfe Kritik von Schülern ____________________

Kommentar

3 Ziehe Verbindungslinien zu den passenden Sprachmitteln.

Damen und Herren des Lehrkörpers	rhetorische Frage
Ist es nicht seit Urzeiten ein Naturgesetz ...?	Wortspiel
Schulleiter, Schulrat, Schulvolk	Ironie

4 Vergleiche den Beginn dieses Kommentars mit dem auf Seite 30 und unterstreiche die anders lautenden Formulierungen.

In der ersten Instanz ist eine Lehrerin beim Kölner OLG unterlegen, die ihre Beurteilung in einem Schüler-Internetportal untersagen lassen wollte. Auf der Schülerseite „spickmich.de" können Lehrer nun also weiterhin bewertet werden. Kategorien wie Unterrichtsvorbereitung, Fairness oder das Verhältnis zu Schülern dürfen tatsächlich mit einer Notenskala von Eins bis Sechs abgeurteilt werden.

5 Welche Meinung wird der Verfasser in Bezug auf den gleichen Sachverhalt vertreten?

6 Welche Sachverhalte können bei der Abwägung genannt werden?

A Lehrer haben Recht auf Datenschutz.
B Schüler haben nicht die Fähigkeit, Lehrer sachlich zu beurteilen.
C Internetportale wie „spickmich.de" wollen bloß höhere Werbeeinnahmen.
D Bei Problemen ist der Vertrauenslehrer ein besserer Anlaufort als das Internet.
E Das Internet ist eine fragwürdige Erfindung.

7 Schreibe einen Kommentar zu dem Thema **Strafen für gewalttätige Jugendliche**.

Argumentation

Argumentationen sollen überzeugen. Sie müssen sachlich und logisch aufgebaut sein:

- In der Einleitung wird eine Behauptung geäußert. Zusammen mit der Begründung dieser *These* entsteht ein Argument.
- Im Hauptteil werden Fakten (Belege) und Beispiele genannt sowie Experten zitiert, um die These zu stützen und das Argument zu veranschaulichen.
  Mit Gegenargumenten und Einschränkungen wird auf die Ansicht eines Meinungsgegners eingegangen.
- Die Schlussfolgerung nimmt die These und das Argument aus der Einleitung wieder auf und begründet zusammenfassend den Standpunkt.

Argumentieren

Argumentation

Ferienjobs

Wenn man als Schüler in den großen Ferien einen Job hat, ist das sehr vorteilhaft, denn so kann man früh Erfahrungen mit der Arbeitswelt machen. Hier kommt es nämlich nicht nur darauf an, regelmäßig anwesend zu sein und seine Hausaufgaben zu machen, sondern man muss durchgehend seine Leistungsfähigkeit unter Beweis stellen und auch immer wieder neuen Anforderungen gewachsen sein. Natürlich sollte man in den Ferien nicht so viel arbeiten, dass man völlig ausgelaugt wieder in die Schule zurückkehrt. Aber wenn man ein paar Wochen in der Arbeitswelt verbracht hat, genießt man die restliche freie Zeit umso mehr.

1 Unterstreiche mit unterschiedlichen Farben die Bestandteile der Argumentation.

→ 96

2 Ordne die folgenden Belege bzw. Beispiele den Argumenten A, B, C zu.

____ Rechnet man die Aufwendungen für Schule, Verwaltung, Lehrkräfte und Materialien zusammen, so kostet ein Wiederholungsschüler mehr als 10000 Euro.

____ Man kann leistungsschwache Schüler schon lange vor Schuljahresende fördern und ihnen in Zusatzkursen eine Verbesserung ihrer Noten ermöglichen.

____ In einer solchen Prüfung kann sich der Schüler auf seine Problemfächer konzentrieren und muss nicht ein ganzes Schuljahr den Stoff aller Fächer wiederholen.

A Schülern, denen das Sitzenbleiben droht, sollte man lieber eine Nachprüfung während der Sommerferien anbieten, denn viele können ihre Leistungsschwächen so ausgleichen.

B In nur wenigen europäischen Ländern gibt es das Sitzenbleiben, denn es gibt andere Möglichkeiten, auf die Leistungsschwächen von Schülern zu reagieren.

C Das Sitzenbleiben ist eine fragwürdige Maßnahme, denn sie kostet viel Geld.

Argumentation

3 Formuliere zu den Belegen von Aufgabe 2 Einschränkungen mithilfe folgender Stichpunkte.

A zwar – manche Fachleute – Kosten – übertrieben
B sicherlich – Zusatzförderung – kostenaufwendig
C allerdings – Wiederholungsjahr – Reifeentwicklung

4 Warum ist die folgende Formulierung keine überzeugende Schlussfolgerung?

Da ich schon selbst sitzen geblieben bin, weiß ich, dass das Wiederholen einer Klasse einfach nicht gut ist.

5 Die folgenden Äußerungen sind keine Argumente, sondern fragwürdige Meinungsäußerungen. Unterscheide und trage den entsprechenden Buchstaben ein.

→ 108

A Verallgemeinerung B unbeweisbare Behauptung C Vorurteil
D scheinbare Begründung E unvollständiges Argument

____ In intakten Familien werden Kinder einfach nicht drogenabhängig.

____ Männer können sich im Berufsleben besser durchsetzen. Wenn es nicht so wäre, gäbe es doch mehr Frauen in Führungspositionen.

____ Computerspiele machen Kinder immer aggressiver.

____ Früher waren die Menschen nicht so gleichgültig wie heute.

____ Der wachsende Ausländeranteil erzeugt immer mehr Probleme. Schließlich ist Deutschland kein Einwanderungsland.

6 Verfasse eine vollständige Argumentation zu einer der folgenden Thesen.

→ 96

A Das Internet ermöglicht eine schnelle Auskunft zu fast allen Fragen.
B Computerspiele können durchaus wertvolle Fähigkeiten schulen.
C Der Besitz eines Handys schränkt die Privatsphäre ein.

Erörterung

In einer Erörterung werden Ursachen, Folgen oder Begleiterscheinungen eines Sachverhalts dargestellt.

- In der Einleitung wird das Thema vorgestellt. Die Argumentation im Hauptteil wird ansteigend angelegt, sodass die wichtigsten Gedanken am Ende stehen. Zum Schluss wird ein zusammenfassendes Urteil formuliert.
- Die dialektische Erörterung (Problemerörterung) stellt eine Entscheidungsfrage, die meist mit Ja oder Nein beantwortet werden kann. Das Problem wird von zwei entgegengesetzten Perspektiven betrachtet (pro und kontra). Die Pro- und Kontra-Argumente (*Thesen* und *Antithesen*) können nacheinander oder im Wechsel dargelegt werden. Zum Schluss wird eine eigene Meinungsäußerung (*Synthese*) aufgrund der Argumentation abgeben.

Argumentieren

Erörterung

Gefahren der E-Mail-Kommunikation

E-Mails oder elektronische Glückwunschkarten sind viel unpersönlicher als ein handgeschriebener Brief, denn mit ihnen ist auch weniger Mühe verbunden. Aber wer freut sich nicht, wenn man zum Geburtstag einen Briefumschlag öffnen kann und man an der Handschrift erkennt, wer einem da gratuliert? Sicherlich ist eine E-Mail in Sekundenschnelle beim Empfänger. Dennoch sollte man zu wichtigen Ereignissen besser zu Stift und Papier greifen und den Weg zum Postamt nicht scheuen.

E-Mails können aber auch unangenehm „persönlich" sein, denn eine scheinbar harmlose Mail kann leicht persönliche Daten ausspähen. Ähnliches geschieht auf Webseiten. Nicht selten werden Kreditkartennummern oder Passwörter von Kriminellen erfragt und dann ist der Schaden groß. Natürlich kann man vorsichtig sein und nichts leichtfertig preisgeben. Aber oft sind die Mails so geschickt formuliert, dass auch Sachkundige darauf hereinfallen.

Manche Links, die einem per E-Mail zukommen, können sehr teuer werden, denn oft werden kostenpflichtige Seiten nicht genügend ausgewiesen. Geschäftsbedingungen stehen nicht selten so weit unten auf der Seite, dass man gar nicht merkt, dass man ihnen zugestimmt hat, wenn man weiterklickt. Sicherlich kann man mithilfe eines Rechtsanwalts manchen Schaden abwenden. Aber auch ein Rechtsbeistand kostet Geld.

1. Unterstreiche bei den oben stehenden Argumentationen mit unterschiedlichen Farben die These, die Argumente und die Schlussfolgerung.

2. Formuliere dazu einen Schlussgedanken für eine Sacherörterung.

3. Ordne die folgenden Themenstellungen richtig ein.

   A Sollten Jugendliche schon mit 16 Jahren wählen dürfen?
   B Warum sollte man so früh wie möglich den Führerschein machen?
   C Welche Chancen und Gefahren ergeben sich in einer multikulturellen Gesellschaft?
   D „Reden ist Silber, Schweigen ist Gold". Stimmst du zu?
   E Mit dem Internet sind auch negative Begleiterscheinungen verbunden.

   Sacherörterung: ________________ Problemerörterung: ________________

Erörterung

4 Unterstreiche bei Aufgabe 3 die Begriffe, die das Thema angeben.
Beispiel: Sollten Jugendliche schon <u>mit 16 Jahren wählen</u> dürfen?

5 Bei der Formulierung einer Einleitung gibt es mehrere Möglichkeiten. Verbinde Einleitungstypen und Einleitungsgedanken zu dem Thema: **Mit dem Internet sind auch negative Begleiterscheinungen verbunden**.

persönliches Erlebnis	Unter dem Internet versteht man die Vernetzung von Millionen von Computern.
geschichtlicher Rückblick	„Nur einen Mausklick entfernt."
aktuelles Ereignis	Gestern Abend war ich schon wieder zu lange im Internet.
Sprichwort, Motto, Zitat	Laut Zeitungsberichten gibt es immer mehr Internetsüchtige.
Provokation	Das Internet wurde ursprünglich für Wissenschaftler entwickelt.
Definition des Themas	Ist man ohne Internet heutzutage noch ein vollwertiger Mensch?

6 Für das Thema **Halten sich die Gefahren und Segnungen des Internets noch die Waage?** hast du folgende Gliederung entworfen. Schreibe eine Problemerörterung. Du hast eine Stunde Zeit.

→ 70

A Einleitung — Gestern Abend war ich schon wieder zu lange im Internet.
B Hauptteil — I Gefahren
1. Internetsucht
2. Schaden durch kostenpflichtige Seiten
3. Ausspähen von persönlichen Daten
4. Unüberschaubare Informationsflut

II Segnungen
1. Unbegrenzte Informationen für jedermann
2. Vereinfachung und Beschleunigung der Kommunikation
3. Wirtschaftsfaktor
4. Vernetzung der Welt

C Schluss — Die Vorteile des Internet überwiegen

Rede

Eine Rede, z. B. bei einem festlichen Anlass oder als Referat, will immer eine Verbindung zwischen den Zuhörern schaffen und sie für das Anliegen des Redners motivieren.

- Die Rede muss hinsichtlich Länge und Informationsgehalt auf den Anlass und das Publikum abgestimmt sein.
- Sie muss klar strukturiert sein.
- Eine wirkungsvolle Überzeugungsrede kann nach folgendem Prinzip aufgebaut sein: Einleitung, Darstellung des Sachverhalts, Beweisführung, Widerlegung der Gegenargumente, Schluss.
- *Rhetorische Stilfiguren* erleichtern das Zuhören und dienen der *Intention*.
- Der entscheidende Erfolg ist jedoch abhängig von Sprechtechnik und Körpersprache des Redners.

Appellieren

Rede

Rede: Videoüberwachung zum Schutz vor Gewalt?

Liebe Schüler, liebe Lehrer,
Nach längerem Nachdenken bin ich zu dem Entschluss gekommen, dass eine ständige Videoüberwachung keine gute Idee ist. Sie wird die Atmosphäre in allen Gemeinschaftsbereichen beeinträchtigen. Jeder, der sich dort aufhält, wird sich nicht mehr frei fühlen können, denn sämtliche Kontakte oder Handlungen können beobachtet werden. Und man wird das Gefühl nicht loswerden, dass man sich ständig in einer bedrohlichen Situation befindet. Dies kann sich meines Erachtens sehr negativ auf das Lebensgefühl einer Schule auswirken. **A**

Denn: Was bringt die Dauerüberwachung? Wer wird die Aufzeichnungen ständig beobachten können? Hat der Schüler in dem Geigenkasten eine Mordwaffe verborgen? Müssen im Winter Skimützen beim Hausmeister abgegeben werden? In einem Gefängnis, in dem Gewaltaktionen häufiger vorkommen können, ist eine solche visuelle Fessel sicherlich angebracht. An einer Schule, wo sich die Fünftklässler gelegentlich rangeln und die Zehntklässler gelegentlich schmusen, nicht. Eine Schule sollte eine Art Heimat sein und nicht einem Lager gleichen. **B**

Innerhalb der letzten Jahre hat es erschütternde Amokläufe an mehreren deutschen Schulen gegeben. Schüler und Lehrer wurden getötet, verletzt oder traumatisiert. Nach jedem dieser Vorfälle gibt es zahlreiche Vorschläge, wie man derartige Katastrophen verhindern kann. **C**

Ich möchte daher alle Anwesenden bitten, gegen die Videoüberwachung zu stimmen. Vorsicht und Vorsorge ja, Vorverurteilung nein. Vielen Dank für Ihre Aufmerksamkeit. **D**

Einer der Vorschläge enthält die Idee, den Eingangsbereich der Schulen, den Schulhof, die Gänge und die Gemeinschaftsräume per Videokamera überwachen zu lassen. So könnten mögliche Täter früh genug erfasst werden. Das Schulverwaltungsamt hat unserer Schule eine derartige Einrichtung zugesagt, wenn sich Schüler und Lehrer damit einverstanden erklären. **E**

1 Ordne die durcheinander geratene Rede der Direktorin.

Einleitung ____ Darstellung des Sachverhalts ____

Beweisführung ____ Widerlegung der Gegeneinwände ____ Schluss ____

Rede

2 Beim Entwerfen ihrer Rede hält sich die Direktorin an die 5 Vorbereitungsschritte einer klassischen Überzeugungsrede.
Ordne jedem Schritt die richtige Erläuterung zu.

1. Stoffsammlung (inventio) ____
2. Gliederung (dispositio) ____
3. Ausformulierung (elocutio) ____
4. Verinnerlichung (memoria) ____
5. Vortrag (pronuntiatio) ____

A Die Rede wird möglichst frei mit Blickkontakt zum Publikum und passender Körpersprache gehalten.
B Der Redetext erhält einen übersichtlichen, für das Zuhören geeigneten Satzbau und wird mithilfe rhetorischer Stilmittel anregend formuliert.
C Der Stoff wird sinnvoll angeordnet und so gegliedert, dass es eine gesteigerte Wirkung gibt.
D Die Rede wird durch mehrmaliges Vorsprechen eingeübt, aber nicht auswendig gelernt.
E Notwendige Argumente, Verdeutlichungen und Beispiele werden für das Thema gesammelt.

3 Unterstreiche in dem Redetext auf Seite 36 folgende rhetorische Stilmittel. 84

A *rhetorische Frage* B *Ironie* C Aufzählung D Vergleich
E *Metapher* F *Antithese* G *Personifikation*

4 Entwirf eine Rede, in der du eine Videoüberwachung befürwortest. 96

Tipp! Schreibe deine Rede in großer Schrift. Markiere Stellen, an denen du eine Pause machst. Manchmal genügt es, wichtige Stichwörter auf nummerierte Karteikarten zu schreiben.
Übe die Rede vor dem Spiegel. Achte auf deine Mimik und Gestik.
Sprich langsam und deutlich.
Versuche, deine Zuhörer auch einmal zum Lachen zu bringen.

Annonce

Der Verfasser einer Annonce hat ein bestimmtes Anliegen. Mithilfe der Veröffentlichung einer Kleinanzeige in einer Zeitung, Zeitschrift oder im Internet werden interessierte Leser gesucht.

- Das Anliegen kann Verkäufe, Kaufgesuche, Kontakte, Arbeitsplätze, Wohnmöglichkeiten, Dienstleistungen, verlorene Gegenstände bzw. Tiere oder vermisste Personen betreffen.
- Aus Kostengründen sind Annoncen mithilfe von Abkürzungen knapp gefasst.
- Sie enthalten Sachinformationen, fordern aber auch sprachlich bzw. gestalterisch den Leser zum Handeln auf.
- Mithilfe einer Chiffre oder der Angabe einer Kontaktmöglichkeit kann der interessierte Leser auf das Anliegen des Verfassers reagieren.

Annonce

Kleinanzeigen

Gut erh. **Powerfrau**, Bauj. 70, kaum Kratzer, braucht liebevolle Rundumpflege. **AZ 765** ____	Nicht älter als 100 Jahre, aber gerne auch renovierungsbed. **Bauernhaus** i. Ldkr. ges. **AZ23** ____
Brummbär (35) s. Kuschelkatze (bis 30) f. gem. Kaminabende. Hrt. n. ausgeschl. **AZ456** ____	Weinkellerei s. qual. **Kellermeister** a. **400-€-Basis**. mail.schluckspecht@gmx.de ____
Krokoledertasche (Erinnerungsstück) am 3.4. Corso. **Tel 1234567** ____	**Plattenspieler** (Grundig, Jg. 1995) gut gepfl. **€ 120**. rosa.knoedel@gmx.de ____
Mofa ab Bauj. 2005. **AZ 986** ____	**Sonnige 4-Zi-Whg**, Stadtm., Blk. 620 € + Nk., auch Wohngem. **Tel. 987654** ____

1 Ergänze bei jeder Annonce die entsprechende Rubrik.

A Verkäufe	B Kaufgesuche	C Sie sucht ihn	D Wohnungsgesuche
E Er sucht sie	F Verloren	G Stellenangebote	H Wohnungsangebote

2 Was verbirgt sich hinter diesen Abkürzungen?

erh. ____ s. ____

Hrt. ____ Bauj. ____

Nk. ____ qual. ____

gepfl. ____ n. ____

Annonce

3 Kürze sinnvoll ab.

Regelmäßige Mitfahrgelegenheit einmal pro Monat nach Hamburg gesucht.

Liebevoller Babysitter an Wochenenden (vormittags) ab sofort gesucht.

4 Die folgende Anzeige ist wegen ihrer Länge zu teuer. Unterstreiche die wesentlichen Informationen. → 90

Hilfe. Wer gibt mir Nachhilfe für meine bevorstehende Prüfung zur mittleren Reife? In Mathematik, Physik und Chemie bin ich sehr schlecht. Welcher Lehrer oder Student kann mir bei mir zu Hause schnellstmöglich auf die Sprünge helfen? Bei Erfolg gibt es ein Extrahonorar.

5 Neben der Kasse einer Diskothek findet sich folgender Aushang. Wie versucht der Verfasser, Erfolg für sein Anliegen zu haben?

Die 30 € kannst du gerne behalten. Und das Portemonnaie war alt!
Aber bitte gib mir meine Ausweise zurück!
Am letzten Freitagabend (16. Mai) ist mir im Balabala meine Geldbörse abhanden gekommen.
Komisch, sie war einfach nicht mehr in meiner Tasche.
Bitte, sende mir meine Ausweise zu. Und die Fotos von meiner Freundin.
Die Adresse kennst du ja. Und wenn du mal nicht mehr klauen musst, kannst du ja auch das Geld zurückschicken.
Selim

6 Sara hat im Jugendzentrum am 8. Mai den „Echsenjungen" Tim (Seite 15) getroffen und seine Handynummer verloren. Sie möchte ihn aber unbedingt wiedersehen. Wie lautet ihr Aushang am schwarzen Brett des JUZ?

Buchvorstellung/Veranstaltungsankündigung

Eine Buchvorstellung dient dazu, so viele Informationen über ein Buch zu geben, dass das Interesse zum Lesen geweckt wird.

- Das Thema des Buches sowie die wichtigsten Charaktere in ihrem Zusammenwirken werden vorgestellt.
- Der Inhalt wird so zusammengefasst, dass das Publikum auf die Handlung gespannt bleibt.
- Angaben über Autor, Titel, Erscheinungszeitpunkt sowie Seitenzahl werden gemacht.
- Man kann eine Leseprobe geben und eine anregende Bewertung übermitteln.

Auch für eine Veranstaltungsankündigung müssen genügend Informationen gegeben werden, damit man den Wunsch verspürt, das Ereignis zu besuchen. Dies kann mit dem *AIDA*-Prinzip verstärkt werden.

Buchvorstellung/Veranstaltungsankündigung

Das Versprechen von Friedrich Dürrenmatt

In dem Roman „Das Versprechen" von Friedrich Dürrenmatt geht es um ein Verbrechen und die Suche nach dem Täter. Aber schon der Titel weist darauf hin, dass es sich bei diesem Buch nicht nur um einen Kriminalroman handelt, sondern dass eine Zusicherung, ein Versprechen also, im Vordergrund steht, welches das Leben nicht nur eines Menschen beeinflussen und auch zerstören wird.
In einem ländlichen Gebiet in der Schweiz wird ein junges Mädchen ermordet aufgefunden. Der ermittelnde Kommissar Matthäi ist ein hochrangiger Polizeibeamter, der diesen Fall noch lösen will, bevor er im Nahen Osten eine wichtige Aufgabe bei der Schulung von Polizisten übernehmen wird. Kommissar Matthäi ist nicht nur sehr qualifiziert, sondern ein nüchtern denkender und wenig emotionaler Junggeselle.
Nachdem er die Leiche des Mädchens begutachtet hat, muss er die Eltern, einfache Bauern, aufsuchen, um ihnen den Tod des Mädchens mitzuteilen. Während der Vater seinen Emotionen Lauf gibt, fordert die Mutter, eine scheinbar harte und starke Frau, dem Kommissar das Versprechen ab, den Täter zu finden. Dieses Versprechen wird das Leben des Kommissars zerstören und wir erleben mit, wie er sich zunehmend in seinen Ermittlungen verstrickt und sich die Suche nach dem Täter als einen Gang in den ganz persönlichen Abgrund entwickelt.
Das gesamte Geschehen ist in eine Rahmenhandlung gebettet, bei der der ehemalige Vorgesetzte des Kommissars einen Schriftsteller mit den fürchterlichen Konsequenzen des scheinbar so routinemäßigen Versprechens vertraut macht.
Der Schweizer Autor Friedrich Dürrenmatt ist durch zahlreiche Werke sehr bekannt geworden, von denen einige, wie z. B. „Der Besuch der alten Dame" oder „Der Verdacht" auch ein Verbrechen zum Thema haben. Dürrenmatt lebte von 1921 bis 1990 und hat „Das Versprechen" 1958 geschrieben. Es hat 157 Seiten und ist mittlerweile mehrfach neu aufgelegt worden.
Ich möchte euch dieses Buch empfehlen, weil es zeigt, wie ein Mensch sich durch eine unbewältigte Aufgabe selbst zugrunde richtet. Damit ihr selbst merkt, dass es dennoch leicht zu lesen ist, gebe ich euch nun eine Leseprobe und habe dafür die Textstelle ausgewählt, bei der der Kommissar sein verhängnisvolles Versprechen gibt.

1 Unterstreiche mit unterschiedlichen Farben folgende Angaben.
A zum Thema **B** zu den Charakteren **C** zum Handlungsgang
D zu Autor, Titel, Erscheinungszeitpunkt und Seitenzahl
E zur persönlichen Bewertung

Buchvorstellung/Veranstaltungsankündigung

2 An eurer Schule wird ein Vorlesewettbewerb stattfinden. Ein Plakat soll die Veranstaltung ankündigen und zum Mitmachen auffordern.
Trage die Elemente der Ankündigung in der richtigen Reihenfolge ein.

→ 76

	Überschrift
	allgemeine Information
	spezielle Informationen
	Teilnehmerinformation
	Schluss

A Was? Texte von anderen oder von dir.

B Wo? Kleine Aula des Claudiusgymnasiums

C Am Claudiusgymnasium findet wieder der jährliche Vorlesewettbewerb statt. Ob Harry Potter, Terry Pratchett oder Poesie – du wählst und wir hören.

D Wer? 12 Schüler der Sekundarstufe I und II

E Wie? Vorlesezeit 5 – 10 Minuten

F Und wer nicht lesen mag, soll hören kommen.

G Wann? 4. Juli, 16.00 Uhr

H Bitte melde dich bei der SMV bis zum 4. Juni an. Die Jury besteht aus Schülern, Lehrern und Eltern. Unterstützt wird die Veranstaltung von der Buchhandlung Behrend.

I Jeder wird gewinnen: Buchpaket, CD oder Gutschein!

J Wir wollen dich hören!!!

3 An deiner Schule soll ein Flohmarkt für Computerspiele, DVDs, CDs und Bücher stattfinden. Entwirf eine motivierende Ankündigung, die folgende Angaben enthalten soll: Zeit, Ort, Waren.

Analyse eines Sachtextes

Unser Leben wird von Sachtexten bestimmt, deren Verständnis und korrekte Analyse oft sehr wichtig sind. Zum Verständnis und zur Analyse gehören:

- die Entschlüsselung von schwierigen Fremdwörtern oder Formulierungen,
- die korrekte Zuordnung zu einer *Textart* und die Benennung der *Textsorte*,
- die Erkenntnis der *Intention* eines Textes sowie des Zusammenhangs seiner Veröffentlichung,
- die Einschätzung von Veröffentlichungsmedium, Autor und Adressatengruppe,
- Klarheit über Aufbau und gedanklichen Zusammenhang des Inhalts,
- die Fähigkeit, die sprachlichen Mittel zusammenhängend zu erläutern und zu belegen,
- die Fähigkeit, eine Meinung zu Inhalt und Form zu äußern.

Untersuchen

Analyse eines Sachtextes

Burn-out bei Lehrern und Erziehern (Meldung in einer Tageszeitung) **A**
In zunehmendem Maße leiden Lehrer und Erzieher unter den mangelnden Fähigkeiten von Eltern, ihren Kindern gegenüber Durchsetzungsfähigkeit und Stärke zu zeigen. Wie eine Studie ergab, kommt es vor allem in den pädagogischen Berufen zu einer psychischen Überlastung der Beschäftigten.

Hände weg von Kindern (Plakat) **B**
Wer Kinder misshandelt, misshandelt die Zukunft. Lieber sprechen als schlagen!

Eltern vernachlässigen ihre Aufgabe (Leserbrief in einer Tageszeitung) **C**
Es ist skandalös, wenn sich Eltern ihrer ureigenen Aufgabe, nämlich ihre Kinder zu rechtschaffenen Erwachsenen zu erziehen, entziehen. Wenn Eltern lieber arbeiten, fernsehen oder Eheprobleme auswalzen, anstatt sich um die Kinder zu kümmern, vernachlässigen sie sträflich ihre Verantwortung.

Grundgesetz, Artikel 2, Absatz 2 **D**
Jeder hat das Recht auf Leben und körperliche Unversehrtheit. Die Freiheit der Person ist unverletzlich. In diese Rechte darf nur aufgrund eines Gesetzes eingegriffen werden.

1 Unterstreiche in allen vier Texten Fremdwörter und schwierige Formulierungen. Überprüfe, ob du sie verstehst. Schlage gegebenenfalls nach.

2 Ordne die vier Texte den Textarten korrekt zu.
Ergänze jeweils ein weiteres Beispiel für die jeweilige Textsorte.

informierend (darstellend) ____ ____________________

kommentierend (bewertend) ____ ____________________

appellierend (werbend) ____ ____________________

normierend (regelnd) ____ ____________________

→ 68

3 Gib an, an welche Adressatengruppe sich die Texte wenden.

die deutsche Bevölkerung ______ Eltern ______ Leserschaft ______

Analyse eines Sachtextes

Textart	Intention	sprachliche Merkmale
informierend	sachbezogene und neutrale Unterrichtung	meinungsfrei, präzise, faktenorientiert
kommentierend	Meinungsbildung, Bewertung	wertende Adjektive und Verben, Ironie
appellierend	Einflussnahme auf den Leser	Aufforderungen
normierend	Festlegen von Regeln	Nominalstil, Passivbildung

4 Markiere in den vier Texten auf Seite 42 die Intention des Autors sowie sprachliche Merkmale in der richtigen Farbe.

Liebe und Anerkennung statt Gewalt

In den ständigen Debatten über Erziehung entsteht oft der Eindruck, die Jugend des Landes würde der Gesellschaft völlig entgleiten. Zu einem Klagelied gibt es wenig Anlass: Die Zahl jugendlicher Gewalttäter sinkt, eine allgemeine Verrohung existiert eher in der Sensationslust mancher Medien als in der Wirklichkeit.

An den Schulen ist die Sensibilität für Mobbing und Gewalt in den vergangenen Jahren gestiegen, vielerorts arbeiten Polizisten und Pädagogen vertrauensvoll zusammen. Der Rückgang der Gewalt nährt die Hoffnung, dass diese Anstrengungen nicht vergebens sind. Allerdings gibt es weiterhin einen harten Kern jugendlicher Intensivtäter, die immer wieder zuschlagen. Und die Berliner Schulen registrieren, entgegen dem allgemeinen Trend, einen deutlichen Anstieg der Gewalt. Zum Teil hängt das mit der größeren Bereitschaft der Lehrer zusammen, Vorfälle zu melden. Es hängt aber auch damit zusammen, dass sich in einigen Großstadtvierteln ein Milieu verfestigt, in dem die Jugendlichen wenig Hoffnung haben auf eine solide Ausbildung und eine gute Zukunft.

Liebe, Anerkennung und intensive schulische Förderung sind die besten Waffen im Kampf gegen die Jugendkriminalität. Die Gewalt der Kinder ist stets auch ein Hinweis auf die Versäumnisse der Erwachsenen. Jugendliche, die Prügel beziehen, werden überdurchschnittlich oft selbst zum Täter. Wer über Jugendgewalt spricht, darf von der Erwachsenengewalt nicht schweigen. Wer vor kleinen Tyrannen warnt, darf die großen Tyrannen nicht vergessen. tvs

5 Unterstreiche die *rhetorischen Mittel* des Textes blau. → 84

6 Fasse die drei Absätze jeweils in einem Satz zusammen. → 90

Textbeschreibung

Eine Textbeschreibung basiert auf den Ergebnissen einer Textanalyse und erklärt, wie der Inhalt eines Textes formal gestaltet wurde. Dazu gehört:

- das vollständige Verständnis von Sprache, Aufbau und Inhalt des Textes,
- die richtige Erkenntnis von *Textart*, *Textsorte*, *Intention* und Adressatenkreis,
- die Einbeziehung der Informationen über Veröffentlichungsmedium und/oder über den Autor,
- die Zusammenfassung des Inhalts durch strukturierte Wiedergabe des Gedankengangs,
- Wiedergabe der formalen Mittel (Aufbauprinzipien, *rhetorische Mittel*) und Erläuterung der Wirkung,
- eine abschließende Zusammenfassung und evtl. eine wertende Stellungnahme.

Untersuchen

Textbeschreibung

Der Kommentar **Liebe und Anerkennung statt Gewalt** wurde am 15. Juni 2009 in der Süddeutschen Zeitung veröffentlicht und ist durch den Verfasser tvs gekennzeichnet. In ihm wird eine vorsichtigere Bewertung der sogenannten Jugendgewalt angemahnt.

Im ersten Absatz stellt der Verfasser die Behauptung auf, dass die Verrohung der Jugendlichen von den Medien aufgebläht wird. Belegt wird dies im zweiten Absatz, in dem auf die zunehmende Sensibilität für Gewalttaten und auf die fruchtbare Zusammenarbeit von Polizei und Erziehern hingewiesen wird. Dennoch gibt der Verfasser zu, dass es Problemzonen in den Großstädten gibt, und führt dies auf die mangelnde Zukunftsperspektive der Jugendlichen in diesen Vierteln zurück. Im dritten Absatz stellt der Verfasser einen Zusammenhang zwischen der Gewaltbereitschaft von Jugendlichen und der mangelnden Fürsorge in ihrem Elternhaus her.

Bei der SZ handelt es sich um eine überregionale Tageszeitung für Leser mit einem relativ hohem Bildungsniveau. Die SZ ist politisch neutral, vertritt jedoch eine liberale und tolerante Einstellung.

Schon in den ersten Zeilen distanziert sich der Verfasser von einem Katastrophenszenario und stellt sich auf die Seite der Jugendlichen, indem er die unbestimmten Ängste als negativ bewertet und die klaren Fakten als positiv. Auch die Verwendung des Begriffs „Sensationslust mancher Medien“ zeigt seine kritische Grundhaltung auf. Im zweiten Absatz überwiegt die Sachinformation. Die Metapher „harter Kern“ und der Fachbegriff „Intensivtäter“ zeigen, dass der Kommentator das Problem nicht einäugig betrachten möchte. Er hat auch eine Meinung zu den Gründen des Gewaltverhaltens: der Mangel an solider Ausbildung und einer guten Zukunft. Im dritten Absatz werden rhetorische Mittel benutzt, um dem Leser sinnvolle Maßnahmen und Mahnungen zu verdeutlichen: Liebe, Anerkennung und schulische Förderung, die er als „Waffen im Kampf gegen Jugendkriminalität“ bezeichnet. Im Folgenden finden sich zahlreiche antithetische Formulierungen: „Jugendliche, die Prügel beziehen“ – „Täter“, „Jugendgewalt“ – „Erwachsenengewalt“ und die zugespitzte Formulierung am Schluss „kleine Tyrannen“ – „große Tyrannen“.

Durch die Grundaussage und die verwendeten Sprachmittel erhält der Kommentar eine klare Bewertung und eine deutliche Mahnung an Erzieher, Eltern und Medien.

Ich finde es erfreulich, dass in diesem Kommentar einmal kein negatives Bild von der heutigen Jugend gezeichnet wird, bin mir jedoch nicht ganz sicher, ob es nicht auch aggressive Jugendliche gibt, bei denen sämtliche Bemühungen von Eltern und Erziehern leider vergeblich gewesen sind.

Textbeschreibung

1 Ordne folgende Elemente den Absätzen der Textbeschreibung auf Seite 44 zu.

Inhaltszusammenfassung: Zeile ______ persönliche Bewertung: Zeile ______

Einordnung der Textquelle: Zeile ______ Angabe der Textquelle: Zeile ______

Beschreibung von Aussage und sprachlichen Mitteln: Zeile ______

2 Bereite eine Textbeschreibung des ungekürzten Leserbriefes auf Seite 29 vor:
Stelle fest, ob du alle Fremdwörter und Formulierungen verstanden hast.
Fasse die Aussage der vier Absätze jeweils zusammen.

____

____

____

____

3 Suche in diesem Leserbrief je ein Beispiel für folgende rhetorische Mittel. → 84

Aufzählung ______________________________

rhetorische Frage ______________________________

Redensarten ______________________________

Entgegensetzungen ______________________________

4 Formuliere eine Textbeschreibung des Leserbriefes.

Analyse eines literarischen Textes

Während das Lesen von Literatur Genuss und Horizonterweiterung vermitteln soll, dient die Analyse eines literarischen Textes dem tieferen Verständnis der Aussage. Nach der gründlichen Lektüre sind folgende Punkte zu beachten:

- den Text zunächst auf sich wirken lassen und schwierige Stellen klären,
- sich Klarheit über *Gattung* (*Epik*, *Lyrik* oder *Dramatik*) verschaffen,
- feststellen, zu welcher *Textart* der Text innerhalb der Gattung gehört,
- überlegen, ob ein *Genre* erkennbar ist,
- sich über Autor, *Epoche* und historischen Zusammenhang informieren.

Untersuchen

Analyse eines literarischen Textes

A Der Hundertmarkschein (Wolf Wondratschek)
Eine Frau verkauft auf der Straße einen Hundertmarkschein für fünfundneunzig Mark. Der Geldschein ist echt. Die Passanten machen einen Bogen um die Frau. 15 Minuten später muss sie im Präsidium sehr schwierige Fragen beantworten.

B Junger Polizeibeamter: „Entschuldigen Sie bitte, können Sie sich ausweisen?“
Ältere Frau: „Sie meinen, ich soll mich ausweisen, damit Sie mich verweisen können?“
Polizeibeamter (verärgert): „Ich muss nur Ihre Identität feststellen.“
Frau (lachend): „Oh, da kann ich Sie beruhigen. Meine Identität steht fest, seit vielen Jahren schon, vermutlich länger als Sie leben. Oder wollen Sie sie feststellen, damit Sie mich auch festlegen oder festnehmen können?“
Polizeibeamter: „Sie sind ja völlig verrückt. Folgen Sie mir auf das Revier.“

C Abendbild (C. F. Meyer, 1870)

Zwei Segel, sie wandern
vorbei unserm Haus.
Folgt eines dem andern
und plaudern's nicht aus.

Sich lieben, sich meiden,
sich folgen von fern –
es blinkt zwischen beiden
im Wasser ein Stern.

Die Segel empfinden
zusammen die Luft,
Die Segel verbinden
sich über die Kluft.

Ich sehe sich breiten
die dämmernde Bucht.
Sie ziehn und entgleiten
in ruhiger Flucht.

1 Ordne die Texte der jeweiligen Gattung zu und verbinde mit den richtigen Gattungsmerkmalen.

Text	Gattung
	Lyrik
	Epik
	Dramatik

Gattungsmerkmal
Handlung vollzieht sich in Dialogen oder Monologen und wird von Szenenanweisungen unterstützt
Formulierung eines Eindrucks, Gefühls oder auch Ereignisses in knapper, gebundener Sprache
Handlung vollzieht sich in Form einer Erzählung oder auch als innerer Monolog

Analyse eines literarischen Textes

2 Was ist das Kennzeichen der folgenden Genres?

Liebesroman, Liebesgedicht, Liebesfilm ______________________

Kriminalroman, Kriminalhörspiel ______________________

satirisches Gedicht, kabarettistischer Dialog ______________________

3 Unterstreiche im folgenden Text die Angaben, die für eine Textanalyse von **Der Hundertmarkschein** (Seite 46) interessant sein könnten.

74

Wolf Wondratschek (14. August 1943 in Rudolstadt, Thüringen) ist ein deutscher Schriftsteller. Er wuchs in Karlsruhe auf. Von 1962 bis 1967 studierte er Literaturwissenschaft, Philosophie und Soziologie an den Universitäten in Heidelberg, Göttingen und Frankfurt am Main. Der Autor begann als Verfasser von Gedichten und Kurztexten, die seine radikale Opposition zu herkömmlicher Lyrik und Prosa dokumentieren. In den Siebzigerjahren veröffentlichte er eine Reihe von Gedichtbänden; die darin enthaltenen Liedtexte etablierten ihn als einen der wenigen deutschsprachigen „Rock-Poeten". In seinem Werk „Früher begann der Tag mit einer Schusswunde" erfindet er ein Merkblatt zum § 49 der Allgemeinen Dienstanweisung (ADA), das Unklarheiten im Umgang mit den Begriffen „Wertsack", „Wertbeutel", „Versackbeutel" und „Wertpaketsack" beseitigen soll. Dieser Text wird als Paradebeispiel der Beamtensprache verbreitet, wobei der Eindruck erweckt wird, es handele sich um eine echte amtliche Verlautbarung der ehemaligen Deutschen Bundespost.

4 Überprüfe, welche der Merkmale einer Kurzgeschichte auf den Text **Mann über Bord** (Seite 22) zutreffen. Mache dir dazu Notizen.

- keine oder nur sehr kurze Einleitung
- Das Geschehen wird auf wenige Augenblicke reduziert.
- Alltagssprache, teilweise Verwendung von Umgangssprache, Dialekt oder Jargon
- Mehrdeutigkeit: Ein Alltagsereignis verweist auf tiefer greifendere Probleme.
- Der offene Schluss zwingt den Leser dazu, über das Geschehen nachzudenken.
- Wertungen, Deutungen, Lösungen werden vermieden.
- Ein wichtiger Einschnitt aus dem Leben der handelnden Person wird erzählt.
- Wenig Handlung, Themen sind Probleme der Zeit – Alltäglichkeit von Handlung und Personen

Analyse eines literarischen Textes

Nach der allgemeinen Zuordnung eines Textes wird die Binnenstruktur untersucht:

- Bei epischen Texten überprüft man die *Erzählperspektive* (Ich-Erzähler, auktorialer oder personaler Erzähler), das Verhältnis von Erzählzeit und erzählter Zeit, Handlungsschritte und die Darstellung von Handlungsträger und deren Umgebung.
- Bei dramatischen Texten analysiert man die Funktion der Worthandlungen, den Aufbau der Handlung sowie den grundlegenden dramatischen Konflikt anhand der *Protagonisten*.
- Bei lyrischen Texten untersucht man Strophenaufbau, *Reimschema* und *Metrum*.

Die Ergebnisse werden in Zusammenhang mit den Untersuchungen der Sprache gebracht: Dazu gehören Sprachebene, Stil, *rhetorische Mittel*, Verwendung von *Metaphern* und Symbolen sowie Lautmalerei.

Analyse eines literarischen Textes

1 Lies den Text **Der Hundertmarkschein** auf Seite 46 nochmals. Streiche nicht zutreffende Textmerkmale durch.

Märchen Kurzgeschichte Erzählung Ich-Erzählung auktoriale Erzählung
innerer Monolog beschreibender Stil berichtender Stil poetischer Stil

2 Welche Aussage stimmt für den Text **Mann über Bord** (Seite 22)? Kreuze an.

- ☐ Diese Kurzgeschichte ist mit der auktorialen Erzählperspektive geschrieben, denn der Erzähler weiß mehr als die handelnden Personen.
- ☐ Der Text ist in der personalen Erzählweise geschrieben, denn man erlebt das Geschehen nur aus der Sichtweise einer Figur.
- ☐ Der Ablauf des Unglücks wird gestrafft dargestellt, aber Erzählzeit und erzählte Zeit nehmen ungefähr eine gleiche Dauer ein. Am Ende gibt es eine starke Raffung, denn innerhalb von zwei Absätzen werden viele Jahre dargestellt.
- ☐ Da Handlungsschritte sich dadurch unterscheiden, dass eine neue Person, ein neues Ereignis oder eine neue Umgebung in die Handlung kommen, enthält die Kurzgeschichte drei Handlungsschritte.
- ☐ Personen und Umgebung werden nicht detailliert beschrieben, sondern als Fakten dargestellt.

→ 82

3 Bearbeite den Text **Abendbild** von Conrad Ferdinand Meyer auf Seite 46.

A Kennzeichne das Reimschema, indem du die Endreime mit Buchstaben (a – f) benennst. **Beispiel:**
Zwei Segel, sie wandern (a)
vorbei unserm Haus. (b)
Folgt eines dem andern (a)
und plaudern's nicht aus. (b)

B Trage das Metrum ein, indem du über die betonten Silben ein Apostroph (') und unter die unbetonten Silben einen Unterstrich (_) einträgst.

C Markiere *Personifikationen*.

Analyse eines literarischen Textes

4 Analysiere den Text **Abschied**. Berücksichtige dabei: *Erzählperspektive*, Handlungsschritte, Erzählzeit und erzählte Zeit, Darstellung von Heimat- und Zielort, Sprache.

Abschied

Ich sitze hier im Gras und beobachte den letzten schönen Sonnenuntergang am Marmarameer. Leise schlagen die Wellen gegen das Ufer. Von weit her höre ich Kinderstimmen und ein Radio, das türkische Musik spielt. Eigentlich liebe ich die Atmosphäre und sollte überaus glücklich sein. Die Menschen, die Häuser, die kleinen Einkaufsläden, die Sprache, das weite, grenzenlose Meer und die hier fast weiß schimmernde Sonne. All diese Dinge sind ein Teil meiner selbst. Aber morgen werde ich die Dinge, die ich außer meiner Familie am meisten liebe, für ein ganzes Jahr aufgeben müssen. Ich werde meine Welt des Lichts gegen eine fremde Welt der Dämmerung eintauschen müssen. Ich spüre jetzt, wie von Minute zu Minute meine Heimat in Gedanken Stückchen für Stückchen vor mir fortrückt.

[...] Wie eine Krankheit befallen Melancholie und Trauer meinen Geist. Vor meinem geistigen Auge spielen sich wie ein Alptraum die mir bevorstehenden Morgenstunden ab: Koffer stehen gepackt vor dem Haus, Verwandte und Freunde kommen [...]. Die Atmosphäre scheint noch gelöst. Die Menschen lachen noch. Aber in Wirklichkeit hat es in ihren Herzen schon begonnen zu weinen. Das Lachen ist nur noch ein äußerer Schutz, ein letztes Festklammern an der heilen Welt und ein Hinausschieben des Unangenehmen. Ein Taxi fährt vor. Die ersten Tränen fangen an zu rollen. Man ist irgendwie gefühllos und hängt in der Schwebe. Man wird zum Schatten seiner selbst. Die Koffer werden im Taxi verstaut. Ein letztes Mal wirft man sich an den Hals der Großmutter, hält sie ganz fest, als hoffe man, sie könnte einen noch festhalten und vor der Welle schützen, die in die Ferne trägt. Die Welle ist aber stärker.

[...] Mit kalten Augen, die ins Nichts blicken, sieht man die letzten Bilder vorbeifliegen. Man steigt aus, man steigt ein. Ohne es richtig wahrzunehmen, setzt man sich auf seinen Platz im Bus, zieht sich in die Isolation und Stille zurück, um die Trauer ertragen zu können. Im Laufe der drei Tage während der Fahrt nimmt das Leuchten der Sonne ab. Es wird immer dunkler. Man hört kein Grillen der Heuschrecken und kein Wellenschlagen mehr, sondern nur noch leisen Regen, der unterbrochen wird von lauten Gewitter- und Sturmgeräuschen. Die Musik in der Ferne ist eine andere, die Häuser und Läden sind anders. Kein Meer, keine Sonne.

Lange, lange Zeit braucht man, damit diese Atmosphäre zur Gewohnheit und der Schmerz, fort zu sein, langsam schwächer wird. Aber er verschwindet nie.

Ich sehe nun, wie das letzte Stückchen Sonne hinter dem Horizont untergeht. Schleichend nähert sich die Dunkelheit. Die türkische Musik wird immer leiser, bis sie nicht mehr zu hören ist, Kinderstimmen verlieren sich in der Ferne. Die Zeit der Trauer, der Einsamkeit und Melancholie beginnt.

Deniz Caliskan

Textinterpretation

Eine Interpretation ist eine persönliche Auseinandersetzung mit einem Text. Sie beruht auf den Ergebnissen der Textanalyse und belegt, wie die Wirkung auf den Leser zustande kommt. So wird eine Interpretation aufgebaut:
- In die Einleitung gehören allgemeine Angaben zu *Gattung*, Autor sowie Problemstellung.
- Der Hauptteil enthält eine Inhaltsangabe oder Situationsbeschreibung, die Darstellung bzw. Charakterisierung der Personen oder des *lyrischen Ichs* sowie die Erörterung der Aufbauprinzipien und der formalen Gestaltung. Entsprechend der Gattung werden die sprachlichen Mittel dargestellt und untersucht.
- Erst am Schluss findet sich die Aussage des Textes und dessen Wirkung auf den Leser. Man kann auch eine persönliche Meinung hier einbinden.

Textinterpretation

Interpretation einer Szene aus „Oberösterreich" von Franz Xaver Kroetz

Der Schauspieler und politische Autor Franz Xaver Kroetz wurde 1942 geboren. In seinen Stücken stellt er sehr realistisch ganz „normale" Menschen in ihren Lebenssituationen in den Vordergrund.
Hauptpersonen in „Oberösterreich" (1972) sind der Auslieferungsfahrer Heinz und die Verkäuferin Anni, die in einer harmonischen Ehe leben. Diese gerät jedoch ins Wanken, als Anni schwanger wird und bei Heinz Ängste ausbrechen: Er fürchtet finanzielle Probleme und die Veränderung ihrer Beziehung. Anni jedoch lehnt eine Abtreibung ab, sodass es zu einem Konflikt kommt.
Als Heinz jedoch die Liebe von Anni in einer persönlichen Krise erfährt, ändert sich seine Einstellung und es kündigt sich am Schluss eine Lösung an.
Der Ausschnitt ist der Beginn der ersten Szene des zweiten Aktes.

1 Zu welchen Textsorten gehören die folgenden Elemente einer Einleitung? Interpretation eines

epischen Textes ____ lyrischen Textes ____ Dramenausschnitts ____

A	B	C
• Autor, Entstehungszeit • Thema • Inhaltszusammenfassung • Bezugnahme zum Gesamttext	• Autor, Entstehungszeit • Problemstellung	• Inhaltszusammenfassung • Autor • Entstehungszeit oder Anlass

→ 94

2 Überprüfe, ob die Angaben für die Einleitung einer Drameninterpretation in dem Text oben vorkommen. Unterstreiche Angaben zu Autor und Entstehungszeit rot, die Thematik schwarz, die Inhaltszusammenfassung blau und die Bezugnahme zum Gesamttext grün.

Textinterpretation

3 Untersuche die Szene unten. Achte auf folgende Aspekte: Worthandlungen, Bedeutung des Dialekts, Szenenanweisungen, Charakterisierung der Personen, Darstellung des bevorstehenden Konflikts, Aussage und Wirkung der Szene (realistische Darstellung?).

In der Küche am Abend. Anni hat nach dem Essen aufgeräumt. Heinz hört Nachrichten.
ANNI Gehn mir ins Wohnzimmer, weil ich dir etwas sagen muss. [...]
HEINZ Zerscht den Wetterbericht.
ANNI Wenn ich es nimmer erwarten kann.
HEINZ Wennst es willst. *Er schaltet das Radio aus.* Sie gehen ins Wohnzimmer.
ANNI Meine Mutter hätt jetz zum Paps gsagt, dass er sich hinsetzen soll, weil sie ihm was zum Sagn hat.
HEINZ Wennst es willst.
ANNI Setz dich hin, Heinz, ich muss dir was Wichtiges mitteiln.
HEINZ Feierlich.
ANNI Das ist auch notwendig. Aber du darfst nicht beleidigt sein [...].
HEINZ Bestimmt ned.
ANNI Versprich es.
HEINZ Genau, was hast angestellt?
ANNI Dreimal darf man ratn.
HEINZ Wenn mir nix einfällt.
ANNI Eine Überraschung ist das Beste. Außerdem wärst du nie draufkommen, weil ich dich auf die falsche Fährte gesetzt hab.
HEINZ Warum?
ANNI Weil du ein Vater wirst, weil ich eine Mutter wird. *Pause* Du und ich. *Pause* Mir werdn Eltern, weil ich schwanger bin. *Große Pause*
HEINZ Wo mir immer aufpassn miteinander.
ANNI Ist das alles, was du zum Sagn hast.
HEINZ Wenn es wahr is.
ANNI Einmal muss es passiert sein, wenn es jetzt so is.
HEINZ Seit wann?
ANNI Im zweitn Monat bin ich, sagt der Doktor.
HEINZ Bist beim Doktor gewesn.
ANNI Mit halbe Wahrheiten tät ich nix behauptn. *Pause* Ich habe eine Flaschn Sekt kauft, dass mir es feiern. Im Kühlschrank stehts.
HEINZ Wo ich keinen Sekt mag.

Franz Xaver Kroetz

Textinterpretation

Eine Textinterpretation ermittelt die Aussage, belegt sie durch die Analyse von Inhalt und Form und beschreibt anhand dieser Nachweise die Wirkung des Textes in einer zusammenhängenden Form.

- Die einzelnen Bestandteile der Interpretation werden in die richtige Reihenfolge gebracht.
- Mithilfe von Nachschlagewerken werden die Richtigkeit der Ergebnisse und Fachbegriffe überprüft.
- Deutungen müssen belegt werden, indem die entsprechenden Textstellen entweder mit Zeilenangaben oder *Zitaten* angegeben werden.
- Sollten Textstellen unklar geblieben sein, können persönliche Vermutungen formuliert werden.

Untersuchen

Textinterpretation

A Auch in der Erzählhaltung kann man diesen Aufbau erkennen: Während der erste und der letzte Absatz von einem Ich-Erzähler formuliert werden, wird der Handlungsträger in den beiden mittleren Absätzen als „man" bezeichnet. Auf diese Weise unterstreicht der Autor die Entfremdung des Migranten.

B Diese Gegensätzlichkeiten werden in der Schilderung der Umgebung deutlich: Am Marmarameer spürt der Leser Ruhe, Wärme und Geborgenheit der südlichen Landschaft, während Reise und Zielort mit Unruhe, Kälte, Einsamkeit und lauten Geräuschen in Verbindung gebracht werden.

C Ebenso wird der Umgang mit erzählter und Erzählzeit gestaltet: Der erste und letzte Absatz enthält eine nur leichte Raffung der Zeitverhältnisse, während im dritten Absatz drei Tage und im vierten eine längere Zeit umfasst wird.

D Der Text „Abschied" von Deniz Caliskan ist in der Sammlung „Türken deutscher Sprache" erschienen, die von Irmgard Ackermann 1984 herausgegeben wurde. Nur am Namen des Autors ist erkennbar, dass er ein Türke ist. Es handelt sich um eine literarische Schilderung über Gedanken und Gefühle einer Person, die für ein Jahr ihr Heimatland verlassen muss. Dem Untertitel der Sammlung kann man entnehmen, dass es sich um einen ausländischen Arbeiter Ende des 20. Jahrhunderts in Deutschland handelt.

E Jeder der vier Absätze umfasst einen eigenen Handlungsschritt. Im ersten Absatz sitzt der Erzähler am Vorabend seiner Abreise traurig am Ufer des Marmarameers. Der zweite Absatz handelt von der gedanklichen Vorwegnahme der Abreise und der Busfahrt. Im dritten Absatz erhalten wir ein Stimmungsbild von den Lebensverhältnissen in Deutschland und im letzten Absatz kehren wir zurück ans Marmarameer. Der Sonnenuntergang bietet eine Art Rahmen.

F Am eindringlichsten wird die Abschiedsstimmung in der Entgegensetzung *Ich werde meine Welt des Lichts gegen eine fremde Welt der Dunkelheit eintauschen müssen* (Z 9), sodass der Leser die Verlorenheit eines Migranten eindrucksvoll erfährt.

G Eines der sprachliches Mittel, um diesen Kontrast deutlich zu machen, ist die Verwendung der ausdrucksstarken Adjektive: In der Heimat gibt es den *schönen Sonnenuntergang* (Z 1), *das weite, grenzenlose, blaue Meer und hier fast weiß schimmernde Sonne* (Z 5). Dagegen betrachtet er *mit kalten Augen* (Z 20) die vorbeifliegende Landschaft , am Zielort ist es *dunkel,* es gibt dort *laute Gewitter- und Sturmgeräusche* (Z 25). Auch Vergleiche unterstützen die Erfahrung von Trauer: *Wie eine Krankheit befallen Melancholie und Trauer meinen Geist* (Z 10). Ebenso benutzt der Verfasser Personifikationen, um die Stimmung zu verdeutlichen: Die Heimat *rückt fort* (Z 8–9), die Dunkelheit nähert sich *schleichend* (Z 29–30).

Textinterpretation

1 Bringe die Absätze der Interpretation in die richtige Reihenfolge. 86

___ ___ ___ ___ ___ ___ ___

2 Trage bei der Interpretation des Gedichts **Abendbild** (Seite 46) die folgenden Fachbegriffe ein.

Bild – efef – Endreimen – ghgh – Naturgedicht – Personifikationen – Reime – Reimschema – Strophe 2 – Strophen – Symbole – Verse – zweiten

In dem ________ von Conrad Ferdinand Meyer (1825– 1898) beobachtet das lyrische Ich zwei Segelboote in einer Bucht. Das Gedicht hat vier ________, deren jede wiederum vier ________ umfasst. Diese Gleichmäßigkeit wird durch das ________ unterstützt: Jede Strophe enthält sich umschlingende ________ mit den ________ abab, cdcd, ________ und ________. Anhand der vielfältigen ________ kann man erkennen, dass die Segelboote für die Beziehung zwischen zwei Menschen stehen und als ________ zu verstehen sind. Die Segel wandern, plaudern, folgen einander" (Strophe 1), sie empfinden zusammen etwas und verbinden sich (________), über eine Kluft (Strophe 3). Meyer macht deutlich, dass auch die innigste Verbindung durch Entfernungen geprägt werden kann. Als Beispiel dafür können die ersten beiden Verse der ________ Strophe herangezogen werden. Er schafft durch den ruhigen Rhythmus und die klare Symbolik ein ________ der Liebe zwischen zwei Menschen.

3 Schreibe eine Interpretation des Textes **Mann über Bord** (Seite 22). 94

Medial vermittelte Texte

Massenmedien wie Zeitung, Zeitschrift, Radio und TV haben eigene Textsorten hervorgebracht:

- Dazu gehören das *Interview*, der Werbespot oder auch die Nachrichten.
- Reportagen sind Texte, in denen alle Textsorten vorkommen, in Funk und Fernsehen entspricht dies einem *Feature*.

Auch Medien wie Internet und Handy erzeugten neue Textsorten:

- Während formale E-Mails sachlich und korrekt sind, ähneln informelle E-Mails eher der gesprochenen Kommunikation. Das gilt auch für die SMS, in der Kurzbotschaften vermittelt werden.
- In einem *Blog* schreibt man im Internet ein öffentliches Tagebuch. Beim *Twittern* versendet man per Handy Nachrichten (Tweets) in alle Welt.

Medial vermittelte Texte

Belinda (17) will 3 Monate aufs Handy verzichten – LOOK fragte nach

LOOK	Belinda, was hat dich veranlasst, dein Handy 3 Monate lang nicht zu nutzen? **A**
Belinda	Also, ich habe vor drei Jahren einen ziemlich ungünstigen Vertrag abgeschlossen, der mich einen Haufen Geld gekostet hat. Das hat mich wahnsinnig geärgert und weil der nun ausläuft, dachte ich mir, ich könnte es jetzt gleich auch mal bleiben lassen mit dem Handy.
LOOK	Aber warum schließt du nicht einfach einen günstigeren Vertrag ab? **B**
Belinda	Der Vertrag war ja nur ein Grund. Ich habe ein Handy, seitdem ich 14 Jahre alt bin und ich habe gemerkt, dass ich total abhängig von dem Ding bin. Wenn ich mal einen halben Tag lang keinen Anruf oder keine SMS reinbekomme, werde ich übelst unruhig und fange dann selber an zu telefonieren, nur damit ich mich als ein Teil der Welt fühle.
LOOK	Aber das ist doch das Schöne am Handy, dass man immer jemanden erreichen kann. **C**
Belinda	So schön finde ich das gar nicht mehr. Neulich habe ich überlegt, worüber ich beim Telefonieren geredet habe. Und weißt du was: Es war ein Haufen Schrott. In der Zeit hätte ich etwas viel Sinnvolleres machen können.
LOOK	Zum Beispiel? **D**
Belinda	Ich will dir was erzählen: Neulich habe ich am Wochenende meinen Vater besucht, er wohnt in einer anderen Stadt. Und als ich bei ihm ankomme, stelle ich fest, dass ich mein Handy vergessen habe. Ich bin erst beinahe gestorben und bin wie blöd in seiner Wohnung herumgetigert. Dann haben wir gemeinsam gekocht und uns beim Essen unterhalten und ich kann mich an kein Gespräch in der letzten Zeit erinnern, das nicht vom Handy unterbrochen wurde. Aber es war so klasse, einmal in Ruhe Zeit zum Reden zu haben, ohne dass es bimmelt. Oder ohne dass ich das Gefühl habe, auf das Display schauen zu müssen, ob ich nicht was verpasse. Und das hat mich dann am meisten bei mir selbst genervt.
LOOK	Du findest also, dass ein Handy dir Lebensqualität raubt? **E**
Belinda	Irgendwie schon. Ich will ja nicht ewig ohne Handy leben, aber eine Weile „ohne" kann doch nicht schaden. Ich bin echt gespannt, ob ich es durchhalte und wie es mir dabei geht.
LOOK	Da wünschen wir dir viel Glück. Du hast doch bestimmt nichts dagegen, wenn wir uns in drei Monaten bei dir melden, oder? **F**
Belinda	Kein Problem.

Medial vermittelte Texte

1 Mit welcher Fragetechnik steuert der Interviewer Belindas Antworten? Trage die Buchstaben ein.

offene Sachfrage ____ Gegenfrage ____ Meinungsfrage ____

rhetorische Frage ____ Motivfrage ____ provozierende Angriffsfrage ____

2 Füge die richtigen Textsorten ein.

Während des „handylosen" Monats schickte die Lokalzeitung einen Journalisten an die Realschule. In einer ____________ informierte er die Leser über die Erfahrungen und Gefühle der Schüler. Einen ähnlichen Beitrag brachte auch der Lokalsender: In einem ____________ wurde dort auch auf die Geschichte des Handys eingegangen. Belinda schnitt sich nicht ganz von der Außenwelt ab und informierte Freunde in ihrem täglichen ____________ über ihre Erfahrungen.

3 Steffi schickt eine Mail an Belinda. Auch Belindas Vater schickt eine E-Mail an seine Tochter, hält aber dabei die normalen Briefregeln ein. Formuliere sie. 82

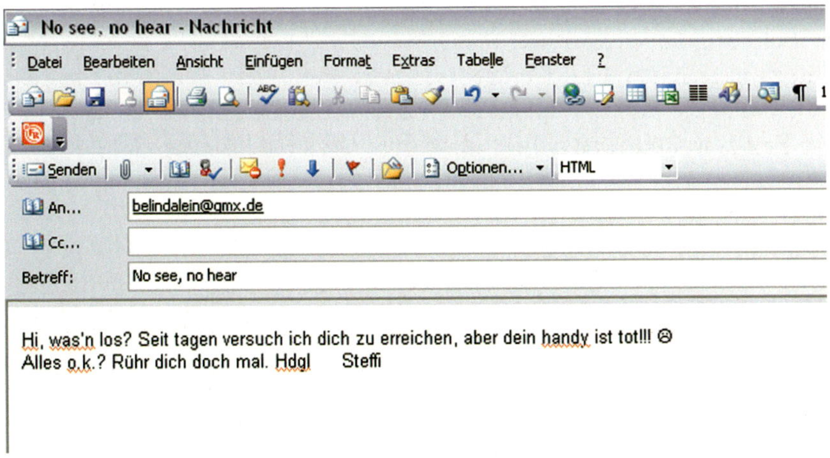

Textsortenwechsel

Inhaltsangaben, Spickzettel und Exzerpte sind typische Beispiele für die Notwendigkeit, einen Text in eine andere Textsorte umwandeln zu müssen. Dabei muss Folgendes beachtet werden:

- Die Stilmerkmale der neuen Textsorte müssen eingehalten werden. Dazu gehören Satzbau und Wortwahl und gegebenenfalls die Zeitstufe.
- Überschriften und andere formale Merkmale müssen an die Erfordernisse des neuen Textes angepasst werden.
- Inhaltliche Kürzungen oder Zusammenfassungen werden vorgenommen – wenn es nötig ist.
- Gegebenenfalls werden Ergänzungen und Erweiterungen eingefügt. Dabei darf aber der ursprüngliche Inhalt nicht geändert werden.

Gestalten/entwerfen

Textsortenwechsel

Warum Mädchen nicht mehr brav sein wollen

Heutzutage wollen viele Mädchen bewusst nicht mehr dem Bild der angepassten, braven und schüchternen jungen Frau entsprechen, denn sie sehen zu viele Nachteile bei dieser traditionellen Rollenzuweisung. So sind viele erwachsene Frauen zwar mehrfach belastet, aber in ihrer beruflichen Weiterentwicklung behindert und daher auch oft finanziell benachteiligt, wenn sie nicht selten nicht nur sich, sondern auch die Kinder unterhalten müssen. Eine solche Lebenssituation bringt manche Tochter dazu, mehr Selbstbehauptungswillen an den Tag zu legen. Allerdings schlagen dabei viele Mädchen über die Stränge, indem sie aggressiv werden und zu viel Alkohol konsumieren. Veränderte gesellschaftliche Strukturen mit mehr Gestaltungsmöglichkeiten für Frauen können dazu führen, dass Mädchen gar nicht mehr durch provozierendes Verhalten ihr Selbstbewusstsein stärken wollen.

→ 96

1 Trenne durch Schrägstriche die 5 Elemente einer Argumentation voneinander ab.

2 Nenne 3 Merkmale, durch die sich dieser Text von dem Leserbrief auf Seite 29 unterscheidet.

____

____

____

3 Löse aus dem Kommentar **Lehrerschelte** auf Seite 30 die Argumentation heraus und schreibe sie mit einer selbst entwickelten Einschränkung auf.

4 Deine Schwester will zum ersten Mal Geld abheben. Du gibst ihr per SMS eine kurze Anweisung. Vervollständige die SMS anhand der Angaben von Seite 16.

HI, LISA! ZUERST KARTE IN PFEILRICHTUNG EINSCHIEBEN. DANN GELDABHEBEN WÄHLEN. NUN ______________________________

____

Textsortenwechsel

5 Zu dem Text **Was den Deutschen wichtig ist** (Seite 20) fand sich in einer Boulevardzeitung folgender Kommentar. Unterstreiche die Textstellen, die die satirischen Merkmale dieses Kommentars aufweisen.

Drei Viertel aller Deutschen für Schwarzarbeit

Das freut den Finanzminister nicht: Nur jeder vierte Deutsche lehnt Schwarzarbeit unter allen Umständen ab. Zu diesen Ergebnissen kamen die Allensbacher Meinungsforscher bei ihrem regelmäßigen Moral-Barometer. Aber keine Angst: Wir Deutschen sind nicht alle verkappte Kriminelle. Sozialbetrug oder Alkoholfahrten finden mehr als drei Viertel der Befragten überhaupt nicht toll. Und das freut Vati und Mutti: Beinahe 80 % halten die Missachtung der Eltern für völlig inakzeptabel. Wenn das nicht ein Fortschritt ist: Noch vor 7 Jahren waren das 14 % weniger. Wenn Ihr Kind also zickig ist, können Sie es getrost in die Außenseiterecke verweisen, wo sich Jugendliche ja bekanntlich nicht gerne aufhalten. Vielleicht hilft's.

6 In der Schülerzeitung wird über Belindas Vorhaben (Seite 54) berichtet. Markiere mit unterschiedlichen Farben die W-Fragen eines Berichts.

Handyverzicht

Drei Monate lang will Belinda aus der 10b auf ihr Handy verzichten. Bis Ende Juli kann man sie also nicht mehr mobil erreichen. Die Gründe für ihre Entscheidung sind die hohen Kosten und das Gefühl, vom Handy zu sehr abhängig zu sein. Ihr Plan ist so ungewöhnlich, dass sie schon von einer Jugendzeitung interviewt wurde.

Wer?
Wann?
Was?
Wo/woher?
Warum?
Wie?

7 Zu einem Referat über Jugendkriminalität willst du dir Zahlenangaben aus dem Diagramm (Seite 11) auf einen Spickzettel schreiben. Fülle ihn aus.

Tatverdächtige Jugendliche zwischen 14 und 18 Jahren

2000 ________________, davon Ausländer ________________

2008 ________________, davon Ausländer ________________

____

____

Perspektivwechsel

Texte mit Perspektivwechsel sind immer individuell und können unterschiedliche Akzente setzen. Eine Fragestellung kann aus zwei Perspektiven betrachtet werden und ermöglicht so eine umfassende Auseinandersetzung mit einem Problem. Ein Perspektivwechsel gibt auch die Gelegenheit, eine Situation komplexer zu erfassen. Folgendes muss überlegt werden:

- Welche Bedingungen liegen der anderen Perspektive zugrunde?
- Welche Inhalte sollen durch den Perspektivwechsel hervorgehoben werden?
- Wie können Empfindungen und Gedanken nachvollzogen werden?
- Welche Sprach- bzw. Stilebene ist damit verbunden?
- Beruht der neue Text auf dem gleichen Sachverhalt wie die Originalfassung?

Gestalten/entwerfen

Perspektivwechsel

Disko

Mein Gott, das dauert ja heute wieder. Lisa und Abbi sind ja so aufgekratzt und schlackern mit ihren Kreolen. Eigentlich ist es ja ein bisschen kalt für „bauchfrei" heute – aber warum habe ich denn sonst vorhin stundenlang im Sonnenstudio herumgelegen? Das Stylen hat zwar ewig gedauert und das Badezimmer sah aus, als hätte eine Farbbombe eingeschlagen. Aber dafür sehen wir drei auch echt geil aus. Die pickeligen Bürschchen da vorne mit ihren Zigaretten im Mundwinkel sind aber echt nichts für uns, viel zu jung. Und was ist denn das für ein Mädel im Glitzerpulli? Ganz schüchtern steht sie da rum, als ob sie zum ersten Mal in eine Disko will. Und dann der brave Pferdeschwanz! Aber die Figur ist klasse, in ihre Jeans würde ich schon seit Jahren nicht mehr passen. Wie sie uns beobachtet. Ist sie vielleicht neidisch, weil wir nicht allein sind? Aber eigentlich schon mutig, dass sie sich das traut, allein in die Disko, das würde ich nie bringen.

1 Vergleiche diesen Text mit der Schilderung auf Seite 12 und verdeutliche die Perspektivunterschiede.

Disko S. 12 (Schilderung)		**Disko S. 58**
gebräunt, Piercing, Ringe mit Steinchen und Kettchen	Bauch	
	Vorbereitung des Diskobesuchs	ewiges Stylen, Badezimmer wie nach einer Farbbombe
wahnsinng cool, Baseballkappe scheinbar männlich und stark	Jungen	
	Selbstwahrnehmung	weniger mutig und schlank als das „Mädel"

Perspektivwechsel

2 Einer der Türsteher ist Ali, arbeitsloser Maurer, der mit einem 1-€-Job zum Unterhalt seiner Familie beitragen muss. Schildere die Szene aus seiner Perspektive.

3 Vergleiche folgenden Text mit dem Kommentar **Liebe und Anerkennung statt Gewalt** (Seite 43) und beantworte die Fragen.

A Wessen Perspektive wird hier eingenommen?
B Welche Lebensbedingungen sind mit dieser Perspektive verbunden?
C Welche Gedanken und Empfindungen sind mit dieser Lebenssituation verbunden?
D Wo deckt sich die Aussage beider Texte, wo unterscheidet sie sich?

Bei den ständigen Debatten über Erziehung entsteht oft der Eindruck, dass Liebe, Anerkennung und intensive schulische Förderung die besten Waffen gegen Jugendkriminalität sind. Da ist von der Sensationslust der Medien die Rede, die sinkende Zahl jugendlicher Gewalttäter ignorieren und aus Profitgründen die Gewaltproblematik übertreiben.
Aber die, die so reden und schreiben, haben noch nie an einer Berliner Schule in einem Problemviertel zu unterrichten versucht. Hier ist nicht nur die allgemeine Verrohung allgegenwärtig, hier gibt es nicht nur einen gleichbleibend großen harten Kern von jugendlichen Intensivtätern, hier wächst die Gewalt täglich und es wächst ebenso die Hilflosigkeit der Erwachsenen. Nein, es liegt nicht an der größeren Sensibilität für Mobbing und Gewalt und auch nicht an den Eltern, die ihre Kinder zu Tätern zurechtprügeln. Es liegt an dem gewaltbereiten Milieu in den Großstädten, an der allgemeinen Arbeitslosigkeit in vielen Vierteln, an der Hoffnungslosigkeit, das unser Gesellschaftssystem produziert.
Wer Jugendgewalt verharmlost, lässt die im Stich, die ihr täglich in zunehmendem Maße ausgesetzt sind. Wer von fehlender Liebe und Anerkennung redet, ignoriert das Bemühen, gegen den Zeitgeist ankämpfen zu wollen. Berlin ist nur eine Großstadt von vielen in Deutschland und in unserer Zeit wachsen die Viertel, in denen Jugendliche keine kleinen Tyrannen bleiben, sondern große Gewalttäter werden.

→ 98

4 Schreibe einen Kommentar zu dem Thema **Beurteilung von Lehrern im Internet** (Seite 31) aus der Sicht der betroffenen Lehrerin, deren Klage abgewiesen worden ist. Du kannst dich ähnlich wie im Text **Lehrerschelte** (Seite 30) satirisch äußern, kannst jedoch auch eine andere Sprach- bzw. Stilebene wählen.

Textumgestaltung

Literarische Texte werden für eine Verfilmung oder eine Theateraufführung meist gekürzt und umgestaltet. Folgende Möglichkeiten gibt es, um inhaltliche Schwerpunkte hervorzuheben:

- Bei einer Rollenbiografie stellt man eine Person aus dem Text vor und fühlt sich in deren Lebensbedingungen, Herkunft, Einstellungen, Wünsche etc. ein. Dieser Text wird in der Ich-Form geschrieben und der Stilebene angepasst.
- Beim inneren Monolog wird eine Situation aus dem Originaltext ausgewählt und man formuliert Gedanken und Gefühle dieser Textfigur so, als ob man sich „in ihrem Kopf" befände.
- In einem Brief an eine literarische Figur kann man sich mit ihr auseinandersetzen.

Gestalten/entwerfen

Textumgestaltung

A Also, was ist denn da los, da stehen ja so viele Leute. Was ist denn das für eine Frau? Also, betteln tut sie nicht, da gehen doch alle vorbei. Einen Geldschein hat sie in der Hand, hat sie den gefunden? Sieht ja aus wie 'ne ehrliche Haut, mit ihrem Kostüm und den altmodischen Stiefeln. Was sagt sie? Sie will das Geld verkaufen? Was ist denn das für 'ne Idee! 95 Mark will sie dafür? Für was. Für 'nen Hundertmarkschein? Die spinnt ja total. Also, die gehört doch in die Klapse. Nicht zu fassen. Aber jetzt muss ich weiter, sonst gibt's wieder Ärger. Als ob ich nicht genügend unbezahlte Überstunden bringe. Na ja, was soll man machen?

B Mein Name ist Ilse Grebner und ich bin 48 Jahre alt. Von Beruf bin ich Schneiderin, aber ich arbeite schon seit vielen Jahren in einem Bekleidungsgeschäft, weil Schneiderin ein aussterbender Beruf ist. Verheiratet war ich nur kurz, ich habe auch keine Kinder und bin viel allein. Ich arbeite eigentlich ganz gern an meiner Stelle, aber was mich aufregt, ist, wie die Kunden ausgenutzt werden. Ich bekomme ja mit, für was die Ware eingekauft wird, aber wenn ich nachher die Preisschilder sehe, krieg ich so eine Wut. Die Leute wissen gar nicht, was sie alles draufbezahlen.
Ja, und dann habe ich im Lotto gewonnen. 10 000 Mark. Noch nie habe ich so viel Geld gehabt und erst einmal wusste ich gar nicht, was ich damit anfangen sollte. Bin mal in die Alpen gefahren, wo ich noch nie war, habe eine neue Waschmaschine gekauft und Geld aufs Sparbuch getan. Aber dann dachte ich mir: Sei doch mal freundlich zu dem Menschen und gib ihnen endlich mal das Gefühl, dass sie nicht zu viel für etwas bezahlen. Und da ist mir das mit den 100 Mark eingefallen. Hab also 10 Hundertmarkscheine von der Sparkasse geholt und hab mich in die Fußgängerzone gestellt und das Geld verkauft – einfach mal billiger als es wert ist. Keiner hat mir so 'nen Schein abgekauft. Aber dass ich mich deswegen strafbar gemacht habe – also, auf diese Idee bin ich gar nicht gekommen.

C Sehr geehrte Frau Grebner,
ich bin sehr froh, dass man Sie nach Ihrer Befragung auf dem Präsidium einfach entlassen hat. Auch wenn Sie gegen die Gewerbeverordnung verstoßen haben, so ist mir doch recht schnell klar geworden, dass Sie eigentlich etwas sehr Sinnvolles getan haben. Es ist zwar ungewöhnlich und viele werden Sie, Verzeihung, für etwas verschroben halten, aber bei mir haben Sie etwas bewirkt: Ich werde es in Zukunft nicht für das Normale halten, dass die Menschen egoistisch, unfreundlich und abgebrüht sind. Ich danke Ihnen für diese Erfahrung.
Ein Beteiligter bei Ihrem Präsidiumsaufenthalt

Textumgestaltung

1 Alle drei Texte beziehen sich auf Wondratscheks **Der Hundertmarkschein** (Seite 46). Welcher Text entspricht den folgenden Textsorten? Nenne je ein Merkmal.

___ Rollenbiografie ___

___ Innerer Monolog ___

___ Brief an eine literarische Figur ___

2 Notiere Stichpunkte einer Rollenbiografie des Auslieferungsfahrers Heinz aus dem Stück **Oberösterreich** (Seite 51).

Herkunft, Ausbildung: ___

Alter, Körperbau, Kleidung: ___

Wünsche, Wichtigkeiten im Leben: ___

3 Unterstreiche in folgendem inneren Monolog zu **Mann über Bord** (Seite 22) die Textstellen, die Auskunft geben über folgende Inhalte:
A die Lebensweise des Matrosen,
B die Scheuheit Fremden gegenüber und über
C Schuldgefühle.

Da ist er ja. Heute früh ist er mit dem Segelboot gekommen. Schaut mich so komisch an. Na ja, es gibt ja kaum Weiße auf der Insel. Nur die da oben in ihrer Villa. Aber so sehe ich ja wirklich nicht aus, als ob ich in der Villa wohne. Hab mir schon lange keine Schuhe mehr leisten können. Wenn ich bei Palau nicht auf dem Feld arbeiten könnte, hätte ich auch nichts zu essen. Wie ein Skipper sehe ich auch nicht aus, die haben immer irgendwo ein Goldkettchen. Bei mir gibt's nur Tattoos. Seemannstattoos. Ob der was von der Geschichte gehört hat? Ist ja nun fünf Jahre her, aber zum Henker, ich kann's einfach nicht vergessen. Wie die Kameraden da neben mir gebrüllt haben. Und der Alte an Deck, so ein feiner Kerl. Und das Wasser war rot, als die Biester kamen. Blieb rot. Wenn ich mich wasche, habe ich immer noch das Gefühl, rotes Wasser läuft von mir ab. Ich muss zurück aufs Feld, sonst werde ich hier noch verrückt vor Angst.

4 Schreibe einen ermutigenden und tröstenden Brief, den die Großmutter des Ich-Erzählers von **Abschied** (Seite 49) an ihn nach Deutschland schreibt.

→ 98

Essay

Unter einem Essay (franz.: Versuch) versteht man einen Text, in dem ein beliebiger Inhalt auf nachdenkliche, aber dennoch oft humorige Weise dem Leser nahegebracht wird. In den Medien werden kurze Essays auch als Glosse bezeichnet.

- Als Inhalt können Ereignisse, Beobachtungen, Gedanken oder Sachthemen dienen.
- Vorrangig ist weniger das Thema, sondern das spielerische Entwickeln von Gedanken. Diese werden vom Verfasser vor den Augen des Lesers so ausgeführt, dass er den Inhalt aus verschiedenen Perspektiven betrachten kann.
- Der Leser soll auf unterhaltsame Art zum Nachdenken angeregt werden.
- Wichtig ist ein ausgefeilter Stil und ein Aufbau, der eine Pointe enthält.

Gestalten/entwerfen

Essay

Im Tsunami

A „Tschüss, Mammutsch, ich gehe mit Tobi zum Bowlen." Sie verlässt das Haus, nicht ohne heftigst die Türen zu knallen. Das geschieht weniger aus schlechter Laune, sondern aus dem verloren gegangenen Verständnis, dass es hörempfindlichere Menschen in ihrer Umgebung geben könnte.

B Mit großen, schwarz umrandeten Augen schaut sie mich manchmal an, wenn ich nach einer halben Stunde Musikfolter erst höflich (aber für sie wohl unvernehmbar), dann heftig an ihre Tür klopfe, um sie inständigst um eine Befreiung von dem Hämmern, Wummern und Brüllen aus ihrem CD-Player bitte. „Aber klar doch, Mammutsch", sagt sie, aber wendet nicht den Blick von ihrem Handspiegel, mit dessen Hilfe sie gerade ihre wohlgeschwungenen Augenbrauen zu einem minimalistischen Bogen reduziert und ihre gepiercte Zunge angestrengt zwischen die Zähne klemmt. Dabei fällt das schwarze Haar meines blonden Mädchens über die Stirn, die wegen des einen oder anderen Pickels fest von Make-up einzementiert ist. Auf ihrem Bett hat sich der Inhalt ihrer Schultasche ergossen und es sieht nicht so aus, als hätte sie eines der Hefte in der letzten Zeit mit substanzvollem Inhalt gefüllt.

C Mein schwarzes Mädchen hat nun das Haus verlassen und es tritt Stille ein.

D Vor einem Jahr war sie noch blond und nach der Schule saß sie am liebsten am Küchentisch, machte dort ihre Hausaufgaben und klemmte dabei vor Sorgfalt die Zunge zwischen die Zähne. Neben ihrem CD-Player verstaubten sanft noch die Drei-???-Hörspiele und die Barbie-Puppen waren zwar schon verbannt, aber nur unter ihr Bett. Vor einem Jahr hieß ich auch noch Mama und wenn ich abends ausging, liebte sie es, mir vorher das Haar zu kämmen und die Nägel zu lackieren. An regnerischen Abenden kuschelten wir uns auf die Couch und schauten uns „Mr Bean" an – das war ihr erster Kinofilm überhaupt gewesen. Und wenn wir traurig waren, half uns Mr Bean auf die Beine. Dann brach die Pubertät wie ein Tsunami über uns ein, verwandelte Schulhefte in fledderige Papierflieger, durchstach die Zunge und fegte Hörspielkassetten und Barbiepuppen in die entlegendste Kellerecke. Dafür trat Tobi in unser Leben, ein schweigsamer Rapper mit goldenen Schuhen und merkwürdigen Tischmanieren. Im Haus wurde es laut und Haare wurden schwarz. Und ich wurde plötzlich Mammutsch. „Warum?" „Na ja, weil du so groß und so haarig bist und manchmal echt ausgestorbene Ansichten hast." Erschüttert ging ich ins Badezimmer, um mir die Nägel zu lackieren.

E Gerade als die erholsame Stille unangenehm wird, klingelt das Telefon. Jemand weint am anderen Ende. „Mama", jammert sie, „kannst du mich abholen?" Tobi hat Schluss mit ihr gemacht. Am Abend liegen wir auf der Couch, schauen Mr Bean an und ich streichele ihr schwarzes Haar.

Essay

1 Kreuze das Thema an, das sich hinter dem Begriff Tsunami verbirgt.

- Ein junges Mädchen produziert viel Lärm und Unruhe
- Die Verwandlung durch die Pubertät
- Schwierigkeiten im Verhältnis zwischen Mutter und Tochter

2 Welche Gegensätze schildert die Mutter?

Vor der Pubertät (Absatz ____), nach der Pubertät (Absatz ____)

3 Worin besteht die Pointe in diesem Text? Kreuze an.

- Wortspiel zwischen dem ausgestorbenen Mammut, der „Mama" und „Mammutsch"
- Rückfall in die Kindlichkeit mit den damit verbundenen tröstlichen Gewohnheiten
- Die „erschütterte" Mutter, die sich zurückzieht und ihre Nägel lackiert

4 In einem Ratgeber für Eltern werden die Merkmale der Pubertät aufgeführt. Markiere im Text Seite 62 in drei unterschiedlichen Farben die Textstellen, die den gleichen Sachverhalt essayistisch ausdrücken.

A Pubertierende Jugendliche lieben oft laute Musik, was andere stört.
B Sie haben nicht selten wenig Interesse für die Schule.
C In ihrer Partnerwahl stoßen sie gelegentlich auf das Befremden der Eltern.
D Sie sind sehr mit ihrer äußeren Erscheinung beschäftigt.

5 Schreibe einen Essay zu einem der folgenden Themenbereiche. → 72

A Erwachsene – eine merkwürdige Gattung (Vater, Mutter oder eine andere Person)
B Lust und Last der Freundschaft
C Meine Schule – ein nettes Gefängnis

Kreativ geschriebene Texte

Beim kreativen Schreiben muss der Text in Inhalt und Form nicht einem vorgegebenen Muster entsprechen, sondern kann frei gestaltet werden. Trotzdem sollte er in sich schlüssig und für andere verständlich sein.
Beim kreativen Schreiben

- sollten spontane Einfälle, Impulse und Assoziationen genutzt werden, z. B. durch *Brainwriting* (Notieren ohne großes Nachdenken).
- kann das Schreiben die Fantasie anregen und spielerisch mit der Sprache umgegangen werden.
- kann der Text Beginn oder Ende von vorgegebenen Texten beinhalten oder auch die Reaktion auf Bilder erfordern. Auch das gemeinsame Schreiben an einem Fortsetzungsroman im Internet gehört zum kreativen Schreiben.

Gestalten/entwerfen

Kreativ geschriebene Texte

Hallo Kati, ich habe eine fürchterliche Entdeckung gemacht. Als ich vorhin noch schnell bei dir vorbeischaute, fand ich diesen Einkaufszettel in eurem Garten.
Seil – Klebeband – schwarzes Halstuch – Nägel
genügend Bretter – Hammer – Zeitschriften
Vielleicht sollst du entführt werden!!! Mit dem Seil wirst du gefesselt und mit dem Klebeband wirst du mundtot gemacht. Damit du nichts siehst, werden deine Augen mit dem Halstuch verbunden. Und du wirst irgendwohin gebracht, wo mit Hammer und Nägeln eine Tür oder Fenster zugebrettert werden. Dann werden Buchstaben aus den Zeitschriften für die Botschaft an deine Eltern geschnitten. Ich mache mir fürchterliche Sorgen, bitte schicke mir eine SMS, bevor ich abreise. Demir

1 Demir hat in letzter Zeit viele Horrorfilme gesehen und seiner Freundin Kati nach seinem Fund diese Panik-Mail geschrieben. Aber eigentlich will Katis Vater nur ein Baumhaus bauen.
Schreibe Katis beruhigende Antwortmail, in der sie den wahren Zweck der aufgelisteten Gegenstände beschreibt.

→ 84

2 Kati sitzt nun schon seit einigen Stunden in ihrem Baumhaus und fühlt sich wohl. Sie notiert in ihr Tagebuch einen recht poetischen Eintrag.

18. August
Vatis Baumhaus ist wirklich ____________________. Ich fühle mich wie ____________________. In der Ferne höre ich ____________________. Um mich herum ist es ____________________. Wenn ich Hunger habe, ____________________. Gerade habe ich von einem kleinen Gast Besuch bekommen. Es ist ____________________.
So schnell werde ich ____________________
____________________.

Kreativ geschriebene Texte

3 Demir hat keine SMS bekommen, sitzt unruhig auf dem Bahnsteig und kritzelt auf einen Zeitschriftenrand. Später stellt Kati fest, dass in diesen Notizen ein Gedicht verborgen ist. Wie könnte es lauten?

98

keine SMS von ihr, ICEs schießen durch, mir ist kalt, mechanische Stimmen überplärren den Bahnsteig, Störung, Verspätung, Unfall, Gedanken schießen durch, keine Umsteigemöglichkeit für Gefühle, graue Betonwände, schrille, grelles Graffiti, no news no fun

No news – no fun
Graue Betonwände,
Graffiti grell und schrill, ...

4 Was fällt dir zu diesem Bild ein?

72

Notiere dir zunächst in Form von Brainwriting alle Ideen.
Schreibe entweder eine Erlebnisgeschichte dieser Schuhe, ein Gedicht oder einen Artikel zu dem Thema „Nichts sinnlos wegwerfen, sondern alles sinnvoll nutzen."

110

Tipp! Kreatives Schreiben befreit von Schreibängsten, trainiert die Formulierungsfähigkeit und führt nicht selten zu überraschenden Selbsterkenntnissen.

Aufgabenstellung erfassen

Zu einem gelungenen Text gehört zuerst das vollständige und richtige Verständnis der Aufgabenstellung.
Dabei wird Schritt für Schritt vorgegangen:

- Aufgabenstellung mehrmals durchlesen und auf Anweisungen der Aufgabenstellung achten,
- Fachbegriffe verstehen,
- überprüfen, ob man die gesamte Aufgabenstellung erfasst hat,
- Zeitaufwand abschätzen und einteilen,
- Textsorte zuordnen und beim Schreiben die jeweiligen Merkmale beachten,
- während der Arbeit überprüfen, ob man noch „beim Thema" ist.

Aufgabenstellung erfassen

Formuliere einen Bericht über die Entwicklung bei der Zahl von tatverdächtigen Jugendlichen aufgrund des Diagramms **Frühe Erfahrungen mit der Polizei** (Seite 11).

→ 10

1 Schätze den Zeitaufwand für den Bericht.

A Thema erfassen und Diagramm verstehen ______ Minuten

B Sprachstil für die Zielgruppe festlegen (gleichaltrige oder altersgemischte Leser) ______ Minuten

C Gliederung festlegen ______ Minuten

D Notizen machen ______ Minuten

E Text schreiben ______ Minuten

→ 10
→ 14

2 Welche Merkmale musst du bei den folgenden Aufgabenstellungen beachten?

A Gesamteindruck B einzelne Arbeitsschritte C Präteritum D Präsens
E anschauliche Adjektive F knapper sachlicher Satzbau G W-Fragen
H vom Sichtbaren zum weniger Sichtbaren

- Berichte über die Renovierung deines Zimmers. ______
- Beschreibe ein Mitglied deiner Familie. ______

→ 28
→ 36

3 Welche Inhalte und Merkmale gehören zu den Aufgabenstellungen?

A Darstellung der Sachlage B Verwendung von ironischen Wendungen
C AIDA-Prinzip D argumentierende persönliche Meinungsäußerung
E Wortspiele F Aufforderungen

- Kinderarmut in Deutschland. Schreibe einen Leserbrief.

______

- Wende dich in einem appellierenden Text gegen die Kinderarmut in Deutschland.

______

Aufgabenstellung erfassen

4 Zu einer Erzählung sollst du **A** eine Inhaltsangabe oder **B** eine Textbeschreibung verfassen. Was ist der Unterschied?

→ 22
→ 42

____

____

____

5 Streiche die Inhalte durch, die nicht zu der Sacherörterung mit folgendem Thema gehören **Welche Ursachen hat Kinderarmut in Deutschland?**

→ 34

A immer mehr alleinerziehende Elternteile
C immer mehr Hartz-IV-Empfänger
E familienfreundlichere Gesetze
B höheres Kindergeld
D hohe Lebenshaltungskosten
F Was ist Kinderarmut?

6 Wie muss die Gliederung für eine Problemerörterung aufgebaut werden, wenn du zu dem Schluss kommst, dass die folgende Aussage nicht stimmt?

→ 34

„Noch nie ging es Kindern und Jugendlichen in Deutschland so gut wie heutzutage."

A Einleitung Die Lage von Kindern und Jugendlichen in der heutigen Zeit.

B Hauptteil

I
1. ______________________________
2. ______________________________
3. ______________________________

II
1. ______________________________
2. ______________________________
3. ______________________________

C Schluss ______________________________

Adressat, Intention und Textsorte festlegen

Bei jedem Text muss vor dem Schreiben überlegt werden, für wen (Adressat) und warum (*Intention*) der Text verfasst wird:

- Wer sind die Leser? (Was wissen und erwarten sie, was muss erklärt werden?)
- Warum schreibe ich? (für einen Leistungstest, aus Betroffenheit, zur Informationsvermittlung, ...)
- Was will ich erreichen? (eine Meinung äußern, appellieren, überzeugen, informieren, unterhalten, ...)
- Welche Textsorte wähle ich? (Leserbrief, Kommentar, Aufruf, Argumentation, Bericht, Beschreibung, Geschichte, Gedicht, ...)
- Welche Merkmale muss ich bei der jeweiligen Textsorte beachten?

Adressat, Intention und Textsorte festlegen

1 Auf dem Schulweg hattest du einen Fahrradunfall und musstest den Arzt aufsuchen. Die Versicherung verlangt von dir eine schriftliche Erläuterung.

A Wer ist der Leser des Textes? ____________________

B Was erwartet der Leser? ____________________

C Was willst du erreichen? ____________________

D Welche Textsorte wählst du? ____________________

E Was musst du dabei beachten? ____________________

2 Nun bist du mit einer Gehirnerschütterung zu Hause und langweilst dich. Du schickst E-Mails über den Unfall und seine Folgen an deine Freunde. Ordne zu.

A Erwartung von Anteilnahme, Antwort
B Schilderung, Beschreibung
C ausdrucksstarke Verben und Adjektive
D Vertraute
E Langeweile, Leiden unter Kopfschmerzen

Wer ist der Leser des Textes? ______ Warum schreibst du? ______

Was willst du erreichen? ______ Welche Textsorte wählst du? ______

Was musst du dabei beachten? ______

3 Unterstreiche, wo die Verfasserin dieses Bewerbungsschreibens bezüglich Adressat (grün), Intention (rot), Textsorte und deren Merkmale (blau) Fehler macht.

Liebe Frau Personalchefin Wegner,
ich bin ja so froh, dass ich bei Ihnen ein Praktikum machen darf und deswegen schicke ich Ihnen auch gerne hiermit meine Bewerbung. Ich gehe noch auf die Realschule, nicht so gerne, wie ich gestehen muss, und deswegen glaube ich auch, dass ich mich in einem Betrieb besser fühlen werde. Muss ich wirklich noch zu einem Vorstellungsgespräch bei Ihnen aufschlagen?

Herzlichst
Katrin Konert

Adressat, Intention und Textsorte festlegen

4 Lies dir den Text **Mann über Bord** (Seite 22) durch.
Was musst du bei folgenden Aufgabenstellungen beachten?

A Schreibe einen Bericht über den Vorfall. → 10

B Schildere die Ereignisse aus der Sicht des Matrosen, der ins Wasser gefallen ist. → 12

C Formuliere eine Interpretation des Textes. → 52

D Schreibe einen essayistischen Text zum Thema Schuld. → 64

5 Als Mitglied des Tierschutzbundes bist du gegen Tierversuche. Nun will sich in deinem Wohnort ein Unternehmen niederlassen, welches für Tierversuche bekannt ist. Der Tierschutzbund will reagieren. Fülle die Tabelle aus.

	Adressat	Intention	Merkmale
Eingabe an den Stadtrat			
Plakat-Aktion			
Leserbriefe			
Informationsbroschüren am Infostand			

Zeitplan erstellen

Die Planung von Texten hängt von Situation, Aufgabenstellung und persönlichen Schreibgewohnheiten und -erfahrungen ab. (Beachte auch deine Ergebnisse deines Schreibtyp-Tests, Seite 6f.)
Die Zeit für das Schreiben des Textes sollte gut eingeplant werden:

- Ein Zeitplan hilft bei schulischen Leistungstests, die vorgegebene Zeit für den Entwurf, die Ausarbeitung und die Überprüfung einzuteilen.
- Bei häuslichen Schreibaufgaben (Bewerbungsschreiben, Buchvorstellung etc.) mit der Ausarbeitung nicht zu lange warten und etwa einen Tag vor dem Endtermin die Aufgabe beenden.

Texte planen

Adressat, Intention und Textsorte festlegen

→ 34

1 Du sollst eine Erörterung **Halten sich die Gefahren und Segnungen des Internets noch die Waage?** in 60 Minuten bewältigen. Welche hältst du für die richtige Vorgehensweise? Kreuze an oder formuliere eine eigene Lösung.

- ☐ gleich anfangen und nach 30 Minuten noch einmal alles neu überarbeiten
- ☐ etwa 10 Minuten entwerfen, 45 Minuten schreiben, 5 Minuten verbessern
- ☐ 10–15 für den Entwurf und 10 Minuten für die Verbesserung einplanen
- ☐ ____________________

→ 10

2 Vor eurer 6-tägigen Klassenfahrt kündigt eure Lehrerin an, dass jeder einen bebilderten Bericht über die Fahrt anfertigen soll. Er soll eine Woche nach eurer Rückkehr abgegeben werden und 6 bis 8 Seiten umfassen. Woran solltest du denken?

A vor der Fahrt, **B** während der Fahrt, **C** nach der Fahrt

____

____

____

3 Schätze ein, wie viel Zeit du brauchst und ermittle die Summe.

A ein Deckblatt mit Bild sowie Inhaltsverzeichnis erstellen ________

B eine Seite mit Gruppenfoto und Teilnehmerliste gestalten ________

C die Notizen über die Fahrt auf zwei DIN-A4-Seiten umformulieren und in den Computer tippen ________

D einen Bericht (1 Seite) über eine Sehenswürdigkeit verfassen ________

E eine Abschlussbewertung formulieren ________

F Rechtschreibung und Zeichensetzung prüfen ________

Summe ________

Zeitplan erstellen

4 Du sollst das Buch **Das Versprechen** von Friedrich Dürrenmatt (Taschenbuch mit 157 Seiten) vorstellen. Entwickle einen Zeitplan mit einer sinnvollen Reihenfolge. → 40

Inhaltszusammenfassung schreiben – Informationen über Autor einholen und aufschreiben – wichtige Textstellen zum zweiten Mal lesen – persönliche Bewertung verfassen – Buch lesen und wichtige Textstellen markieren – Leseprobe auswählen

5 Bringe die Schritte für die Ausarbeitung der Problemerörterung **Halten sich die Gefahren und Segnungen des Internets noch die Waage?** in eine sinnvolle Reihenfolge und notiere deine Zeiteinschätzung. → 34

A Erörterung der Gefahren
B Stoffsammlung erstellen
C Gliederung
D Erörterung der Segnungen
E Schluss formulieren
F sprachliche Korrektheit überprüfen

Schritt 1 ____ (____ Min.) Schritt 2 ____ (____ Min.)

Schritt 3 ____ (____ Min.) Schritt 4 ____ (____ Min.)

Schritt 5 ____ (____ Min.) Schritt 6 ____ (____ Min.)

6 Für die Bearbeitung der Problemerörterung hast du 180 Minuten Zeit, was dir von Beginn an recht knapp vorkommt. Wie kannst du die Seite gestalten, damit du spätere Korrekturen oder Ergänzungen mühelos einfügen kannst? → 80

____

Tipp! Im Sport gibt es die Auszeit, um die Strategie zu prüfen. Plane auch ein Time-out ein, um zu prüfen, ob du die Aufgabe richtig erfüllt hast. Ist dein Text stimmig, ist der rote Faden erkennbar?

Ideen finden

Nicht nur beim kreativen oder auch essayistischem Schreiben muss man erst einmal auf eine „Idee kommen“, sondern auch beim Verfassen von Erörterungen, Reden und Resolutionen. Dazu geht man folgendermaßen vor:

- auf die Aufgabe oder die Themenstellung einlassen: Für wen (Adressat) und wozu (Zweck) ist der Text gedacht?
- auf einem möglichst großen Blatt und ohne viel Überlegung ungeordnet alles, notieren, was man dazu weiß oder was einem einfällt (*Brainstorming*).
- mithilfe einer *Mindmap* vorhandene Ideen vorstrukturieren und neue Ideen ergänzen.

Ideen finden

16

1 Du sollst beschreiben, wie du eine Geburtstagsparty vorbereitest und hast dir beim Brainstorming folgende Notizen gemacht.
Streiche durch, was nicht dazu gehört.

Einladungen verschicken Getränke einkaufen ins Kino gehen
Nachbarn informieren Essen vorbereiten abwaschen Musik auswählen
Geschenke auspacken Zimmer umräumen Hausaufgaben machen

64

2 Beim kreativen Schreiben wird dir folgendes Thema gegeben: **Eine schlaflose Nacht**. Überlege dir beim Brainstorming Stichpunkte.

____

____

3 Falls dir bei Aufgabe 2 nicht genügend eingefallen ist, kannst du zu dem gleichen Thema Ideen aufgrund folgender Fragen entwickeln:

Wie fühlt man sich am Morgen?
Was geschieht in der Nacht?
Was können die Gründe sein?

36

4 Euer bei euch allen beliebter Klassenlehrer wird pensioniert. Du sollst einen Geschenkkorb überreichen und eine kleine Rede halten.

Rückblick über die gemeinsame Zeit (vor allem die Klassenfahrten)

Wünsche: ______________________________

Bedauern, dass ______________________________

Dank für ______________________________

Ideen finden

5 Das Erörterungsthema lautet: **Welche Chancen bietet das Internet?** 34
Ergänze die Mindmap. Nutze auch die folgenden Begriffe:

Wörterbuch   Videos   einkaufen   Lexika   Musik   Software

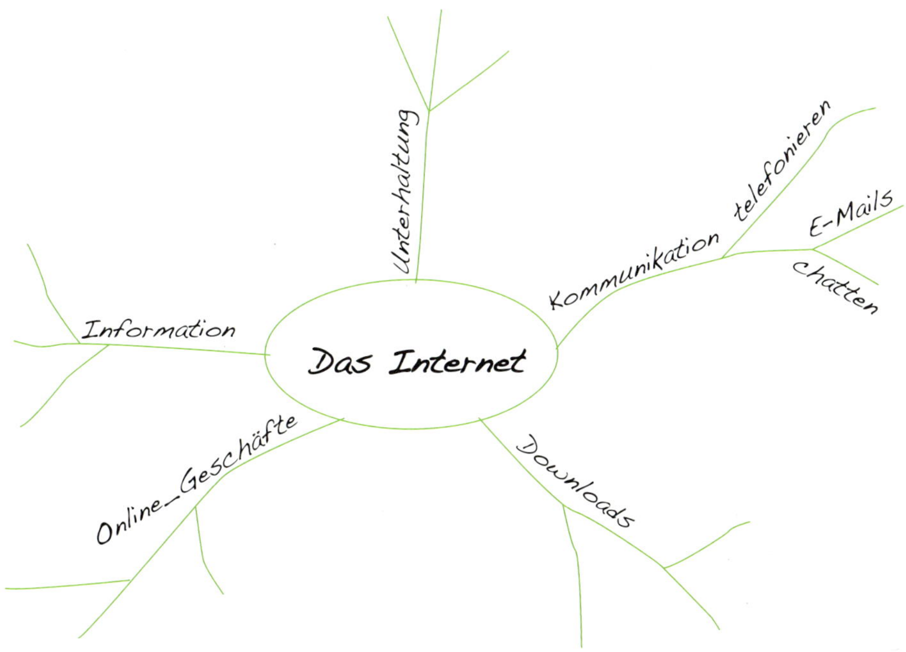

6 Sammle Ideen in einer Mindmap zu dem Thema: **Gefahren des Internets.**

Tipp! Das kannst du tun, wenn dir zunächst nichts einfällt:
- Versetze dich in eine andere Person: Welche Ideen würden dieser Person einfallen?
- Gehe an einen anderen Ort: Aus einem anderen Blickwinkel kommen oft andere Ideen.

Informationen sammeln und recherchieren

Um Informationen für Referate und Sachaufsätze zu erhalten, muss Schritt für Schritt vorgegangen werden:

- Welche Informationen werden benötigt? Themen und Stichwörter eingrenzen.
- Wo gibt es die Informationen? Fachbücher und Nachschlagewerke in öffentlichen Büchereien, Hinweise auf weiterführende Werke in Literaturverzeichnissen von Sachbüchern, im Internet, ...
- Wie können Informationen genutzt werden? Informationen prüfen, ob sie fachlich richtig und objektiv sind, nicht nur eine Quelle nutzen.
- Woher ist die Information? Genaue Quellen notieren.

Texte planen

Informationen sammeln und recherchieren

1 Du willst ein Referat über ein afrikanisches Land halten und gehst in eine Bücherei, um Informationen zu finden. Wo kannst du diese finden?

- ☐ bei den allgemeinen Nachschlagewerken
- ☐ in der Abteilung Biologie
- ☐ in der Abteilung Länderkunde
- ☐ bei den Sprachen

2 Du hast dir drei Bücher aus den Regalen genommen.

A Was kannst du von „Allgemeinbildung in einem Band" erwarten?

____

B Worüber wird dich das „Länderlexikon – Die Staaten auf einen Blick" informieren?

____

C Was bietet dir der Reiseführer „Südafrika?"

____

3 Du hast dich entschieden, dein Referat über Südafrika zu halten und dir den Reiseführer ausgeliehen. Allerdings steht zu wenig über Nelson Mandela darin. Bei den Literaturtipps findest du diese Angaben. Markiere die, die dir weiter helfen.

Literaturtipps:

Ahrens, Renate: Zeit der Wahrheit, Piper Verlag, München 2005 (Roman)
Coetzee, John M.: Schande, Fischer TB-Verlag, Frankfurt a. M. 2003 (Roman)
Gordimer, Nadine: Fang an zu leben, Berliner Taschenbuch-Verlag, Berlin 2008 (Roman)
Kornmayer, Evert: Klassische und moderne Rezepte aus Südafrika, Kornmayer Verlag 2004
Mandela, Nelson: Der lange Weg zur Freiheit, Fischer TB-Verlag, Frankfurt a. M. 2004 (Autobiographie)
Rohde, Heinz: Südafrikas Nationalparks, Travel-House-Media, München 2008
Tutu, Desmond: Keine Zukunft ohne Versöhnung, Patmos Verlag, Düsseldorf 2001

Informationen sammeln und recherchieren

4 Du hast bei einer Internet-Suchmaschine das Stichwort „Südafrika" eingegeben. Welche dieser Links könntest du gebrauchen? Markiere.

Südafrika
www.southafrica.net/reiseangebote Urwald, Wildnis und Kultur erleben - es locken günstige Reiseangebote!

Südafrika Reise / Unterkunft, **Südafrika** Hotels
Allgemeine Informationen und Reiseangebote für **Südafrika** mit Beschreibung der Regionen, Unterkünften, Landkarten, Transportmöglichkeiten, Attraktionen, ...
www.suedafrika-reise.net/ - 72k - Im Cache - Ähnliche Seiten

Südafrika / **Südafrika** Allgemeine Information
Südafrika / **Südafrika** Allgemeine Information / Der umfassende Reiseführer für **Südafrika** - Reiseziele Reiseplanung Unterkünften.
www.suedafrika-reise.net/infos.htm - 74k - Im Cache - Ähnliche Seiten

Kapstadt Reiseführer - Willkommen in Kapstadt **Südafrika**
Grosser Reiseführer für Kapstadt und **Südafrika** mit Reiseangeboten wie Autovermietung über Safaris und Touren bis zum Hotel, Gästehaus oder Ferienapartment ...
www.kapstadt.de/ - 36k - Im Cache - Ähnliche Seiten

Südafrika Guesthouses und Lodges Reiseinformationen, Reisetipps ...
Gästehaus Reiseinformation und Reisetipps über **Südafrika**, Namibia und Botswana. Gästehäuser, Hotels und Lodges mit Bed and Breakfast, Self Catering.
www.suedafrika24.info/ - 33k - Im Cache - Ähnliche Seiten

Kapstadt Portal - Willkommen **Südafrika**
Portal für Kapstadt und **Südafrika** mit Forum, Webcams, vielen Tipps und reich bebilderten Informationen sowie Reiseangeboten vom Mietwagen bis zur ...
www.kapstadt.net/ - 61k - Im Cache - Ähnliche Seiten

Kapstadt und **Südafrika** - alle Infos für Ihre Traumreise
Kapstadt -auf gut Deutsch: wir bieten umfassende Informationen zum südlichen **Südafrika**.
www.kapstadt.com/ - 54k - Im Cache - Ähnliche Seiten

5 Die Internet-Enzyklopädie www.wikipedia.de bietet auf ihrer Hauptseite folgende Bereiche an. Welchen klickst du an, um dich über Südafrika zu informieren?

- Geographie
- Geschichte
- Gesellschaft
- Kunst
- Religion
- Sport
- Technik
- Wissenschaft

6 Du willst deinen Bericht durch persönliche Eindrücke von Reisenden ergänzen. Unter welchem Stichwort würdest du passende *Blogs* im Internet finden?

→ 54

Tipp! Je genauer du weißt, was du suchst, desto mehr findest du. Nutze die W-Fragen, um Informationen zu einem Thema zu finden: wer, was, wann, wo, wie, warum?

Informationen und Ideen ordnen

Alle gesammelten Ideen und Informationen müssen geordnet werden. So kann geprüft werden, ob noch etwas fehlt, ob etwas weggelassen werden kann, was wichtig und was weniger wichtig ist.
Stichwortsammlungen und *Mindmaps* können so strukturiert werden:

- Ideen und Informationen wegstreichen, die nicht dazu gehören oder doppelt vorkommen.
- Übergeordnete Begriffe markieren oder ergänzen.
- Zusammengehörende Ober- und Unterbegriffe mit der gleichen Farbe unterstreichen.
- Die richtige Reihenfolge festlegen, z. B. nummerieren oder untereinanderschreiben.

Texte planen

Informationen und Ideen ordnen

→ 16

1 Ordne diese Schritte der Vorgangsbeschreibung **Vorbereitung einer Geburtstagsparty**:

Einladungen verschicken	Zimmer umräumen	Essen vorbereiten
Nachbarn informieren	Musik auswählen	Getränke einkaufen

1. ______ 2. ______
3. ______ 4. ______
5. ______ 6. ______

→ 12

2 Wie sollten die Inhalte der Schilderung **Eine schlaflose Nacht** angeordnet sein?

A Wie fühlt man sich am Morgen? **B** Was geschieht in der Nacht?
C Was können die Gründe sein?

1. ____ 2. ____ 3. ____

→ 30

3 In der Schülerzeitung soll ein Kommentar von dir erscheinen: **Schüler dürfen im Internet Lehrer beurteilen**. Folgende Inhalte möchtest du erwähnen. Ordne sie in der Tabelle zu.

A Recht auf freie Meinungsäußerung **B** emotional getönte Rache
C wertvolle Rückmeldung für Lehrer **D** öffentliche Bloßstellung

spricht dafür	spricht dagegen

→ 36

4 Was wäre eine sinnvolle Reihenfolge der Redebestandteile von Seite 72, Aufgabe 4? (Rückblick, Wünsche, Bedauern, Dank)

Informationen und Ideen ordnen

5 Zur Argumentation **Vor- und Nachteile einer Kreditkarte** gibt es die folgende Stichwortsammlung. Suche zunächst die Oberbegriffe, dann die dazugehörenden Unterbegriffe und unterstreiche sie jeweils mit einer Farbe. 32

weniger Bargeld nötig   Gebühren bei Anschaffung   Vorteile
Zusatzleistungen   praktisch im Urlaub   Nachteile   Voraussetzungen
zu viel kaufen   festes Bankkonto   Gebühren bei jedem Kauf

6 Sieh dir noch einmal die Hauptäste der Mindmap **Welche Chancen bietet das Internet?** auf Seite 73 an. Bringe die Stichwörter in eine sinnvolle Reihenfolge für eine Sacherörterung. 34

7 Du möchtest in deinem *Referat* über Südafrika deine Zuhörer nicht langweilen und ihnen einen lebhaften Eindruck von diesem Land geben. Folgende Inhalte sollen vorkommen: 36

A 10 anschauliche Bilder von dem Land   B Größe, Einwohnerzahl, Geografie
C Landkarte   D Ausdrücke in Afrikaans   E Die Menschen
F Geschichte   G Wirtschaft und Politik   H Beispiel für Musik
I Kostprobe eines südafrikanischen Gebäcks, das du zubereitet hast

Suche eine sinnvolle Reihenfolge. Unterscheide dabei zwischen motivierendem Einstieg und abrundendem Abschluss. Es gibt mehrere Möglichkeiten.

1. ____ 2. ____ 3. ____ 4. ____ 5. ____

6. ____ 7. ____ 8. ____ 9. ____

Tipp! Überlege, ob du in deinem Referat etwas Besonderes anbieten kannst: eine Tabelle, Bilder, ein Rezept, eine Anleitung, …
Sammle Ideen, die du für einen Text erst einmal verwirfst, auf einem Extrazettel. Oft kannst du sie noch nutzen, z. B. als Bildmaterial.

Texte strukturieren

Ideen und Informationen zu einer Aufgabenstellung müssen so angeordnet werden, dass das Schreibziel (*Arbeitshypothese*) erreicht wird:

- Bei informierenden Textsorten darauf achten, dass die Fakten so dargestellt werden, dass sich der Leser ein klares Bild machen kann.
- Bei kommentierenden und argumentierenden Texten kommt es darauf an, dass nach der Abwägung der Standpunkte die abschließende Meinung (*Synthese*) wirkungsvoll deutlich wird.
- *Appellierende Texte* brauchen einen handlungsorientierten Höhepunkt am Schluss.
- Bei der Analyse und Interpretation von Texten die Unterscheidung von sachlicher Textbeschreibung und persönlicher Deutung beachten.

Texte strukturieren

Arbeitshypothesen

Ich muss meine Leser genau über die zeitliche Reihenfolge der Ereignisse oder Handlungsschritte informieren. ______

Es ist mein Ziel, den Schluss möglichst wirkungsvoll zu gestalten. ______

Wichtig ist die Unterscheidung von Sachteil und persönlicher Bewertung. ______

1 Ordne die folgenden Textsorten den angegebenen Arbeitshypothesen zu. Mehrfachnennungen sind möglich.

A Sachtextanalyse
B Lebenslauf
C Rede
D Bericht
E Textinterpretation
F Kommentar
G Protokoll
H Buchvorstellung
I Vorgangsbeschreibung
J Inhaltsangabe
K Erörterung

→ 10

2 Stelle fest, in welcher zeitlichen Reihenfolge das Geschehen stattfand und wann die Folgen festgestellt wurden.

Unfallbericht

Ich verließ die Schule nach der letzten Stunde gegen 13.00 Uhr und schob mein Mofa bis zur Haupteinfahrt. Als ich auf die rechte Fahrspur einbog, übersah ich dort einen herannahenden Pkw. Der Fahrer konnte noch bremsen, sodass er mich nur leicht am Hinterrad anfuhr. Dennoch stürzte ich und zog mir dabei Schürfwunden zu und verstauchte mir den rechten Arm. Wie die herbeigerufene Polizei feststellte, bin ich der Unfallverursacher. In einer Werkstatt wurde festgestellt, dass die Schäden an meinem Mofa aus einer verbogenen Hinterachse und Kratzspuren im Lack bestehen.

A Einbiegen auf die Fahrbahn
B Sturz
C Schuldfeststellung
D Verlassen der Schule
E Schaden
F Kollision

1. ______ 2. ______ 3. ______ 4. ______ 5. ______ 6. ______

Texte strukturieren

3 Zeige die Gliederung des folgenden Textes, indem du mit drei unterschiedlichen Farben Einleitung, Hauptteil und Schlussgedanken markierst.

Als ob wir keine anderen Probleme hätten!

Da muss sich das höchste Gericht damit beschäftigen, wie groß eine Ein-Raum-Kneipe sein darf und was eine zubereitete Mahlzeit ist! Da werden hoch bezahlte Richter dafür eingesetzt, wie viel Gesundheitsschädigung zumutbar ist! Da starrt die Nation nach Karlsruhe, wo ein paar Unbelehrbare immer noch das Recht auf allgemeine Volksvergiftung einklagen wollen! Als ob wir keine anderen Probleme hätten. Ja, das Rauchen macht den Raucher krank – und die Kosten seiner Sucht trägt die Allgemeinheit. Ja, das Rauchen macht den Nichtraucher krank – und so gesund er sonst leben mag, wenn er in einer Ein-Raum-Kneipe arbeitet, ist er gezwungen, seinen Körper schädigen zu lassen. Ja, das Rauchen stört – vor der Kneipe, in den Raucherzonen auf den Bahnsteigen und überall da, wo Kinder die süchtigen Raucher sehen. Man sieht ja auch keine Kiffer in der Öffentlichkeit, niemand kann sich seelenruhig am Tresen einer Eckkneipe seinen Joint drehen. Dabei ist das Rauchen mindestens ebenso gefährlich wie der Genuss von Haschisch. Meine Meinung: generelles Rauchverbot, für jeden und überall. Und unsere Gerichte haben Besseres zu tun, als sich wochenlang mit Ausnahmeregelungen für Süchtige zu beschäftigen.

4 Welche *Thesen* bestimmen den Hauptteil? 32

A ____________________

B ____________________

C ____________________

28

5 Du findest die Meinung des Verfassers zu radikal.

Stelle eine Arbeitshypothese für einen Leserbrief auf, der das Thema sachlicher behandelt.

____

6 Formuliere eine Gedankengliederung für diesen Leserbrief.

Seite gestalten

Ein Text vermittelt seine Botschaft auch durch seine optische Gestaltung, die der jeweiligen Textsorte entspricht und die Wirkung mitbestimmt.

- Sachliche Briefe richten sich nach DIN 676.
- Bei Bewerbungsunterlagen ist ein einladendes Deckblatt und die übersichtlich gestaltete Gliederung des Lebenslaufes wesentlich für einen positiven Eindruck.
- Facharbeiten erhalten ein Deckblatt und Inhaltsverzeichnis. Die nummerierten Textseiten werden mithilfe von Überschriften, Kopfzeilen und Fußnoten strukturiert.
- Schriftliche Unterlagen zu einem Vortrag sollten den Redner durch ihre Gestaltung individuell unterstützen: *Handouts* und Präsentationsfolien sind für die Zuhörer Verständnis- und Merkhilfe.

Texte verfassen

Seite gestalten

Umschlag für Bewerbungsunterlagen	Korrekte Adresse der Leserbriefredaktion, Nennung des Anlasses, vollständige Absenderangabe
Lebenslauf	Deckblatt mit Angabe von Fach, Thema, Verfasser, evtl. Lehrkraft, Abgabetermin; unterschriebene Erklärung der selbstständigen Erstellung
Schularbeit	Inhaltsabschnitte evtl. auf Karteikarten verteilt oder großzügig gestaltete Manuskriptseiten mit farbig markierten Stichwörtern oder Zitaten
Leserbrief	Großzügig bemessen, korrekte Anschrift (inkl. Angabe von Personalabteilung bzw. Sachbearbeiter) rechts unten, Absender links oben
Facharbeit	Ansprechende und übersichtliche Gestaltung von knappen, hilfreichen Informationen, Nennung von Vortragsthema, Fach, Redner, Vortragstermin
Vortragsmanuskript	Gegliedert nach persönlichen Daten, Ausbildungsabschnitten, Praxiserfahrungen und Hobbys, Unterschrift mit aktuellem Datum, evtl. Bild rechts oben
Power-Point-Präsentationsfolien	Vollständige Angabe von Name, Datum, Fach und Art der Arbeit, großzügiger Korrekturrand, evtl. mit fortlaufenden Leerzeilen für Eigenkorrektur
Handout	Aussagekräftige Überschrift, knapper, eindeutig formulierter Text bzw. logische Gliederung, zurückhaltende Farb- bzw. Animationsgestaltung

1 Worauf musst du bei der jeweiligen Textsorte achten? Verbinde mit Linien.

→ 40

2 Nenne 4 Merkmale, die ein Aushang in deiner Schule haben sollte.

1. ______________ 2. ______________

3. ______________ 4. ______________

Seite gestalten

3 Mithilfe einer Power-Point-Folie willst du darstellen, dass es in Deutschland eine Gewaltenteilung gibt, bei der der Bundestag als Legislative Gesetze formuliert, die Regierung als eine Vertreterin der Exekutive Gesetze ausführt und die Gerichte Recht sprechen und als Judikative bezeichnet werden.
Notiere **A** eine Überschrift und **B** die passende Informationsgliederung.

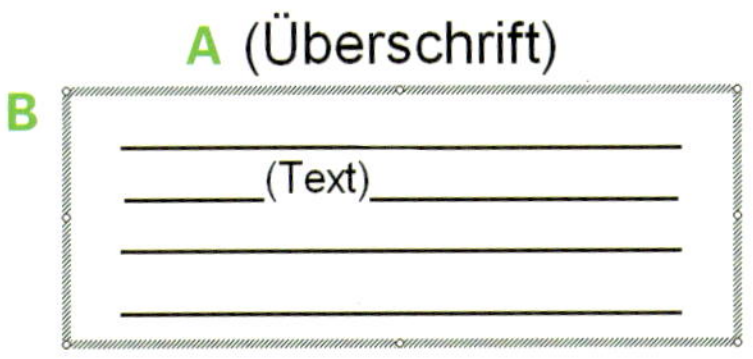

A ______________________________

B ______________________________

____

____

____

____

4 Du hast in Englisch eine Facharbeit mit dem Thema **Das englische Schulsystem** geschrieben, die am 5. März abgegeben werden muss. Entwirf anhand des Musters ein Deckblatt mit den für dich gültigen Daten.

Konrad-Adenauer-Gymnasium
Köln

Vorbereitungskurs
Mittlerer Schulabschluss
Klasse 10b

Facharbeit Deutsch
„Das Versprechen" von Friedrich Dürrenmatt
Interpretation und Rezension

Verfasser	Lore Ledermann	Punktanzahl: ________
Fachlehrer	Herr Kleinert	
Abgabetermin	22.02.2010	Note: ________

____
(Unterschrift des Fachlehrers)

Stil wählen

Unter Stil versteht man alle sprachlichen Merkmale, die das Wesen und die Aussage eines Textes bestimmen. Das betrifft Sprachebene, Wortschatz sowie Satzbau.

- Im Gegensatz zur Hochsprache enthält die Umgangssprache unvollständige Sätze, unscharfe Formulierungen, Ausdrücke aus dem jeweiligen *Jargon* und selbst erfundene Abkürzungen.
- Die Fachsprache wird von Fremd- und Fachwörtern geprägt.
- Der Nominalstil wirkt aufgrund von *Substantivierungen* und *Passivkonstruktionen* betont sachlich, während der Verbalstil lebendiger und unmittelbarer ist.
- Während Prosa die handlungsbezogene Sprache von epischen Texten bezeichnet, wird der poetische Stil von bildhaften Elementen und eigenwilligem Satzbau bestimmt.

Texte verfassen

Stil wählen

A Die Party bewegte sich auf ihren Höhepunkt zu, alle Gäste amüsierten sich erkennbar, doch dann geschah leider ein unangenehmer Vorfall.
B So friedlich und dennoch festlich feierten die Freunde, doch dann, ein Krachen und Klirren – und Furcht und Schrecken senkten sich schwer auf den Raum.
C Alle Gäste genossen das mit großem Aufwand ausgerichtete Fest, bis der Zwischenfall passierte.
D Die Mega-Party war echt klasse und alle waren total gut drauf, bis einer ausflippte.
E Der Erfolg der Event-Gastronomie wurde bis zu dem in der Anklage genannten Vorfall entscheidend durch die Akzeptanz seitens der von dem Kunden geladenen Teilnehmer bestimmt.
F Wir waren gerade dabei, das Fest in vollen Zügen zu genießen, als von einem Seitenraum ein fürchterlicher Lärm ertönte.
G Aufgrund der professionellen Organisation gab es abgesehen von einer Entgleisung eine durchgehende Zufriedenheit bei den Gästen.

1 Ordne die Sätze den folgenden Sprachstilen zu (Mehrfachnennung möglich).

Hochsprache ______ Umgangssprache ______ Fachsprache ______

Nominalstil ______ Verbalstil ______ Prosa ______ Poesie ______

2 Unterstreiche in den Sätzen kennzeichnende Elemente des jeweiligen Stils.

3 Gib an, in welchen Texten du die Sätze finden kannst (Mehrfachnennung möglich).

E-Mail an eine Freundin ______ Unterlagen für eine Gerichtsverhandlung ______

Zeugenaussage für diese Gerichtsverhandlung ______ Erlebniserzählung ______

Geschäftsprotokoll des Gastronomie-Unternehmens ______

Humorige Dankesrede an den Gastgeber ______

Erfahrungsbericht in einer Schülerzeitung ______

Stil wählen

4 Übertrage die folgenden Sätze in den jeweils geeigneten Sprachstil.

A Tobi war eh schon stinksauer und als er von Tina auch noch blöd angemacht wurde, schmiss er ihr superteures Handy in ein Limoglas. → 18

Polizeiprotokoll: ______________________________

____

B Die Benetzung durch Feuchtigkeitseinwirkung sowie die kristallisierte Zuckerlösung führt zu einer Funktionsunfähigkeit des Mobiltelefons. → 16

Betriebsanleitung: ______________________________

____

5 Die folgende Situation ist im Rahmen des kreativen Schreibens lebendig ausgestaltet worden. Unterstreiche im rechten Text die stilistischen Veränderungen, die aus einem Sachtext einen Erzähltext machen.
A innerer Monolog (rot), B wörtliche Rede (blau), C Sichtbarmachung eines Gefühls (grün), D lebhafte Verben (schwarz), E anschauliche Adjektive (gelb)

Das Handy ertönte und kündigte eine SMS an. Diese erwartete Alina von David, der sich schon seit geraumer Zeit nicht mehr gemeldet hatte. Auf dem Display las Alina die Botschaft, dass David die Beziehung beendet habe. Sie war erschüttert.	Das Handy bimmelte fröhlich, eine SMS kam gerade herein. Endlich, David hatte sich seit gestern nicht mehr gerührt und komischerweise keinen ihrer Anrufe beantwortet. Alina sprang von ihrem Bett auf, um zu erfahren, wann sie sich treffen würden, und öffnete gespannt das Display. „Sorry," stand da als Erstes, „ich habe jemanden kennengelernt. Können wir Freunde bleiben? D." Erst als die Schrift verschwand, merkte Alina, dass sie ihre Finger um die Tastatur gekrampft hatte.

6 Wandle die folgende Situation erzählerisch um. → 56

Vor dem Bahnhof bettelt ein tätowiertes und gepiercte Mädchen mit lilafarbenen Haaren eine ältere Dame an, die sie barsch zurückweist.

Sprachliche Mittel nutzen

Rhetorische Mittel dienen dazu, die Wirkung eines Textes zu verstärken. Dazu gehören:
- Vergleiche, die unterschiedliche Bereiche durch Gemeinsamkeiten verbinden,
- *Metaphern*, die als bildhafter Ausdruck einem Begriff mehr Bedeutung verleihen,
- Symbole, die einen konkreten Inhalt durch ein Sinnbild verkörpern,
- Wortspiele, die einen tieferen Sinn hervorrufen,
- *Antithesen*, die durch Gegensätzlichkeiten Akzente setzen,
- Ironie, mit der das Gegenteil von dem Gemeinten ausgedrückt wird,
- Redewendungen, die eine allgemein bekannte Formulierung wiedergeben,
- Lautmalerei, die durch Klangelemente der Wörter die Bedeutung unterstreicht,
- *Alliteration*, die Wörter mit den gleichen Anfangsbuchstaben aneinanderreiht.

Texte verfassen

Sprachliche Mittel nutzen

Mütterliche Empörung

Na, du bist mir ja ein Held (**A**). Da führst du dich auf, wie ein King of the universe (**B**) und kannst noch nicht einmal die Spülmaschine ausräumen. Glaubst du denn, dass ich eine eierlegende Wollmilchsau (**C**) bin? Tagtäglich halte ich die Fahne (**D**) hoch, damit wir durchkommen, jette vom Job zum Jeanswaschen (**E**) – und zwar von früh bis spät (**F**), damit die Kohle stimmt (**G**), und dir fällt nichts Besseres ein, als auf der Couch abzuhängen. Da kann ich nur sagen: Wie wär's mit weniger chillen und chatten und ein bisschen mehr checken (**H**), was ich hier so leiste?! Hopp (**I**), komm in die Gänge (**J**), Junge.

→ 48

1 Ordne die sprachlichen Mittel zu.

Vergleich	____	Metapher	____	Symbol	____
Wortspiel	____	Lautmalerei	____	Antithese	____
Ironie	____	Alliteration	____	Redewendung	____

2 Erläutere, was die Mutter meint.

Du bist mir ja ein Held. ____________________

King of the universe ____________________

eierlegende Wollmilchsau ____________________

3 Unter Euphemismus versteht man ein sprachliches Mittel, das einen Sachverhalt stark beschönigend ausdrückt. Übersetze die Euphemismen.
Beispiel: Raumpflegerin – Putzfrau

A Personal freistellen ____________________

B das Klassenziel knapp verfehlen ____________________

Sprachliche Mittel nutzen

4 Unterstreiche die 10 Missgriffe bei den rhetorischen Stilmitteln.

Ich fühle mich so munter wie ein Reh auf der Lichtung. Dabei habe ich gestern die Nacht zum langen Abend gemacht. Deswegen sollte ich heute eigentlich am Tropf gehen. Aber am Frühstückstisch traf ich auf den Gipfel der Familie: Mein Vater pumpte gerade sein Müsli in sich hinein. Dabei erzählte er wie ein Springbrunnen einen Witz nach dem anderen. Ich habe mich elend gelacht. Aber dann ist mir doch das Entsetzen in die Extremitäten gefahren: Ich fand meine Schultasche nicht. Kein Wunder: Die ganze Zeit hatte mein Vater mit seinem kostbaren Köperteil darauf gesessen. Er sagte lachend: „Und nun klopf ab in die Schule, Junge."

5 Verbessere den Text von Aufgabe 4. Folgende Wörter können dir helfen:
Allerwertester, Wasserfall, Tod, Löffel, Fisch, Stock, Haupt, Tag, zischen, Schreck

6 Ordne die Beispiele den sprachlichen Mitteln zu

A Bin ich etwa ein Trottel?
B Noch jemand ohne Fahrschein?
C Ich weiß, dass ich nichts weiß.
D kuschelweich
E Ich will es nicht, ich kann es nicht.
F alter Knabe
G Ganz Deutschland jubelte
H Er kam, sah und siegte.

Hyperbel = Übertreibung ______

Neologismus = Wortneuschöpfung ______

Oxymoron = Zusammenstellung sich widersprechender Begriffe ______

Anapher = aufeinanderfolgende Sätze beginnen mit dem gleichen Wort ______

Paradoxon = scheinbar widersinnige Behauptung ______

Ellipse = Auslassung von Wörtern ______

Rhetorische Frage = Frage beinhaltet die Antwort oder erwartet keine ______

Akkumulation = Anhäufung von mehreren Begriffen ______

7 Der von der Mutter beschimpfte Sohn aus Aufgabe 1 denkt sich seinen Teil.
Formuliere seinen inneren Monolog und verwende dabei drei sprachliche Mittel.

Zitieren und belegen

In wissenschaftlichen Texten, (z.B. Facharbeiten) wird aus anderen Quellen zitiert.

- Zitate werden wörtlich übernommen und in Anführungszeichen gesetzt. Auslassungen werden durch drei Punkte in eckigen Klammern angezeigt. [...]
- Die Quelle des Zitats wird am Ende oder in einer Fußnote mit Verfassernachname und Kurztitel sowie Seitenangabe genannt. Ein Zitat aus zwei oder mehreren Seiten wird mit „f." bzw. „ff." gekennzeichnet.
- Die genaue Quellenangabe steht im alphabetischen Literaturverzeichnis am Ende des Textes und besteht aus Verfassername, Titel, Verlag und Jahr des Erscheinens. Wird aus einer Zeitschrift oder Zeitung zitiert, werden deren Name sowie die Nummer bzw. das Erscheinungsdatum genannt.
- Bei Internetquellen werden die Internetseite und das Aufrufdatum angegeben.

Zitieren und belegen

Die unzähligen Verkettungen und Vernetzungen in der Natur gibt es bereits seit Jahrmillionen und immer wieder haben Ereignisse das Gleichgewicht verändert. Heute gibt es jedoch, von uns Menschen gemacht, noch eine ganz andere Art von Verbindungen rund um unseren Globus. Für dieses moderne Netz wird das Wort „Globalisierung“ verwendet. Diesen Begriff hat zum ersten Male der Wirtschaftswissenschaftler Theodore Levitt von der amerikanischen Harvard-Universität in Cambridge geprägt.

aus: Gerd Schneider, Globalisierung, S. 5 f.

1 Dieser Text soll zitiert werden. Die unterstrichenen Stellen sollen dabei ausgelassen werden. Füge die fehlenden Zeichen ein.

______ Vernetzungen in der Natur gibt es bereits seit Jahrmillionen. ______ Heute gibt es jedoch, von uns Menschen gemacht, noch eine ganz andere Art von Verbindungen rund um unseren Globus. Für dieses moderne Netz wird das Wort „Globalisierung" verwendet. Diesen Begriff hat zum ersten Male der Wirtschaftswissenschaftler Theodore Levitt ______ geprägt.

2 Vergleiche den Originaltext von Seite 30 im gleichen Buch und das Zitat. Unterstreiche die Fehler.

A Rechtschreibfehler **B** falsches Zitieren **C** nicht genannte Auslassung
D falsches Auslassungszeichen **F** nicht eingehaltene Zeichensetzung

Der Erfolgsschriftsteller Frank Schätzing beschreibt in seinem Buch „Nachrichten aus einem unbekannten Universum“ eine der Ursachen für die gesunkenen Frachtkosten, die die Arbeitsaufteilung in der Welt erst ermöglichen. Das ganze Geheimnis liege, so Schätzing, in der enormen Größe der Containerfrachter. Zukünftig würden sie noch länger und breiter sein, noch mehr asiatische Laptops ließen sich darin unterbringen.	Der Erfolgschriftsteller Frank Schetzing beschreibt in seinem Buch „Nachrichten aus dem unbekannten Universum“ eine der Ursachen für die gesunkenen Frachtkosten … Das ganze Geheimnis liege in der enormen Größe der Containerfrachter. Zukünftig würden sie noch länger und breiter sein [...]

Zitieren und belegen

3 Schreibe hier die Literaturangabe dieses Lehrwerks auf.

4 Die Anmerkung (sic!) gibt an, dass ein Rechtschreibfehler im Zitat bereits im Originaltext vorhanden war. Wo muss diese Anmerkung hier eingefügt werden?

Globalisierung führt aber nicht nur zu einer Verbreitung der „westlichen" Kultur, sondern auch der globale Einfluß „östlicher" Kulturen wird deutlicher. „Westliche" Unternehmer und Politiker führen öfter die für sie im „östlichen" Ausland besseren Umgebungsbedingungen an und stellen damit dass, was für „westlich" gehalten wird, teilweise in Frage.
http://de.wikipedia.org/wiki/Globalisierung#Globalisierung_der_Kultur
(26. April 2009)

5 Bringe die folgenden Quellenangaben für ein Literaturverzeichnis in die richtige Form und ordne sie alphabetisch.

- Joachim Zieler und Kai Krause, Schwellenländer, Stratmann Verlag, Berlin 2005
- Gerd Schneider: Globalisierung, 1. Auflage 2008, Arena Verlag GmbH, Würzburg 2008
- Atlas der Globalisierung, © 2006, „Le monde diplomatique"/taz-Verlag und Vertriebs GmbH, Berlin
- Eberhard Kleinert, „Das kalte Geld" (Finanzmanager, Ausgabe 5, 2008, S. 45-48)
- Mari, Francisco, Buntzel, Rudolf: Das globale Huhn. Brandes und Aspel 2006
- Safranski, Rüdiger: „Wie viel Globalisierung verträgt der Mensch?" Fischer Taschenbuchverlag 2006

6 Für die Leseprobe bei einer Buchvorstellung willst du ein bis zwei Stellen zitieren. Notiere die Zitate aus deinem Lieblingsbuch und ihre Quelle. → 40

Übergänge schaffen

In einem flüssig formulierten Text werden die einzelnen Gedanken oder Textabschnitte so aneinandergefügt, dass sie einen ununterbrochenen Textfluss ergeben und das Verständnis erleichtern.

- Mithilfe von *Konjunktionen* oder anderen Formulierungen können Inhalte aneinandergereiht oder Gegensätze hervorgehoben, aber auch *temporale, kausale, lokale* oder *modale Beziehungen* hergestellt werden.
- Vorausweisende Formulierungen helfen dem Leser, Inhalte einzuordnen.
- Auch eine Frage bzw. eine *rhetorische Frage* kann einen Gedankengang aufgreifen und weiterleiten.
- Beim Übergang von *Antithesen* zu *Thesen* in einer analytischen Erörterung kann ein ganzer Satz formuliert werden, damit diese Schnittstelle deutlich wird.

Texte verfassen

Übergänge schaffen

Ihr Artikel über die Gewaltkriminalität bei Jugendlichen hat mich aus mehreren Gründen empört, die ich hier aufführen möchte. Einerseits behaupten Sie, dass der Medienkonsum zur Gewaltbereitschaft anregt. Andererseits fordern Sie härtere Strafmaßnahmen. Halten Sie das wirklich für logisch? Man müsste doch eher die Medienproduzenten zur Rechenschaft ziehen. Außerdem hat mich der arrogante Ton des Verfassers geärgert. Wer Jugendliche Straftäter als „Geschmeiß" und „Pestbeulen" der Gesellschaft bezeichnet, hat meines Erachtens nicht das Problem unserer Zeit erkannt.

1 Unterstreiche in dem Leserbrief mit unterschiedlichen Farben.

A Aneinanderreihung B Vorausweisung C Gegensätze D weiterleitende Frage

→ 24

2 Verbinde die folgenden Textbausteine eines Bewerbungsbriefes.

Ihre Anzeige „Ausbildungsplatz Großhandelskaufmann" im Mainboten vom 25.9.2010 hat mein Interesse geweckt. ____________________

____________________ (sich bewerben wollen)

Ich besuche zurzeit das Gutenberg-Gymnasium und werde im Frühjahr 2011 die Prüfung zum mittleren Schulabschluss ablegen.

____

____________________ (praktisch tätig sein wollen/kein Abitur)

Meinem Zeugnis können Sie entnehmen, dass ich in Rechnungswesen, Englisch und Deutsch sehr gute Leistungen zeige. ____________________

____

____________________ (diese Fähigkeiten in den Betrieb einbringen)

Gerne würde ich Sie von meinen weiteren Kenntnissen und Qualifikationen persönlich überzeugen. ____________________

____________________ (sich über Einladung zu Vorstellungsgespräch freuen)

Übergänge schaffen

3 Die folgende Einleitung gehört zu der Aufsatzgliederung auf Seite 35.
Kreuze an, welcher Übergangssatz am besten zum Hauptteil überleitet.

Eigentlich wollte ich gestern Abend nur ein paar E-Mails abrufen, aber dann fand ich ein paar interessante Links ins Internet, dort stieß ich auf einen neuen Chatroom und als ich endlich den Computer herunterfuhr, war es schon nach Mitternacht. Wieder einmal war ich zu lange im Internet.

- ☐ Mit den Gefahren des Internet bin ich schon seit langem vertraut.
- ☐ Diese Erfahrung zeigt mir wieder einmal, dass das Internet auch mit Gefahren verbunden ist.
- ☐ Ich werde zunächst solche Gefahren abhandeln und dann auf die Vorteile hinweisen.

4 Ordne die folgenden Übergangssätze zwischen Antithesen und Thesen bei dem Aufsatzthema **Halten sich die Gefahren und Segnungen des Internets noch die Waage?** zu.

A Nun sind hier zahlreiche Gefahren erörtert worden, aber die Segnungen des Internet dürfen nicht vergessen und müssen nun genauer betrachtet werden.
B Aber hat das Internet wirklich nur Gefahren zu bieten?
C Dass die Gefahren nicht zu unterschätzen sind, wurde deutlich gezeigt. Aber die Segnungen des Internet dürfen deswegen nicht zurückgestellt werden.

rhetorische Frage ____ eine Gegenüberstellung ____ eine Vorausweisung ____

5 Formuliere passende Übergangssätze für folgende Situationen.

A Zu Beginn einer Buchvorstellung hast du Autor, Titel und Thema genannt. Nun möchtest du geschickt zur Inhaltsangabe überleiten. → 40
B Nach der Inhaltsangabe willst du über den Autor/die Autorin informieren. Finde eine Überleitung. → 22
C Dein Klassenlehrer wird pensioniert und du hältst eine kleine Abschiedsrede. Nachdem du seine Verdienste erwähnt hast, möchtest du auch auf ein paar liebenswerte „Macken“ eingehen. Wie lautet der Übergang? → 36
D Nachdem du die formalen Merkmale eines Gedichtes erläutert hast, möchtest du zu der Bedeutung überleiten. → 46

Texte verkürzen und zusammenfassen

Um Leistungstests oder ein *Referat* vorzubereiten, muss man oft zahlreiche Informationen in verkürzter Form schriftlich speichern können.
Dabei wird Schritt für Schritt vorgegangen:

- Text gründlich durchlesen, um den gesamten Inhalt zu erfassen.
- In eigenen Texten mit unterschiedlichen Farben die Kerninformationen und die Nebeninformationen markieren: Zahlenangaben, Belege und Beispiele.
- Randnotizen machen, um einen Überblick über den Inhalt zu geben.
- Markierungen in ganzen, verständlichen Sätzen zusammenfassen. Dabei helfen *Substantivierungen*, um die Information knapp zu formulieren.

Texte verkürzen und zusammenfassen

Zustände wie in der Dritten Welt?

Beim Wort Kinderarbeit denkt man sofort an die „Dritte Welt", an Ausbeutung, an Hungerlöhne und verlorene Jugend. Dass aber auch in Deutschland immer mehr Kinder und schulpflichtige Jugendliche jobben gehen, wird kaum registriert.

Kinderarbeit in Deutschland

Mädchen verdienen zusätzliches Geld oft beim Babysitting oder auch als Bedienung in Eiscafés, Jungen sieht man häufiger beim Zeitungsaustragen, aber auch in den Supermärkten, wenn die Regale wieder aufgefüllt werden müssen.

Art der Tätigkeiten

Aber warum drängen schon 12–14-jährige nach der Schule auf den Arbeitsmarkt? Handys und Klamotten sind teuer und viele Eltern weigern sich, dem Kommerzialisierungsdruck nachzugeben. In vielen Familien wird es überdies auch begrüßt, wenn die Kinder früh die Erfahrung machen, wie schwer es oft ist, das notwendige Geld zu verdienen und sich im Arbeitsleben zu behaupten. In den letzten Jahren hat sich jedoch noch eine wesentlich schwerer wiegende Entwicklung ergeben: Die familiären Budgets sind in den letzten Jahren knapper geworden und viele Jugendliche werden von den Eltern dazu motiviert, zum Familieneinkommen beizutragen.

Gründe für die Tätigkeiten

1 Unterstreiche in den beiden letzten Absätzen die Informationen, die als Randnotiz zusammengefasst wurden.

→ 20

2 Der Kerninhalt des Textes kann in 3 Sätzen wiedergegeben werden. Ergänze das Exzerpt.

Kinderarbeit in Deutschland ist heutzutage keine Seltenheit mehr.

Viele Jugendliche arbeiten als ______________________________

____

Dafür gibt es folgende Gründe: ______________________________

____

____

Texte verkürzen und zusammenfassen

3 Unterstreiche die Kerninformationen rot, die Nebeninformationen grün.

Trotz Arbeit in der Schuldenfalle

Mandy ist nur eine von vielen: Mit 20 Jahren hat sie bereits 8000 Euro Schulden und der Weg in diese Falle begann während ihrer Ausbildungszeit. Irgendwann konnte sie ihre Miete und ihr Handy nicht mehr bezahlen, hinzu kamen die Verzugszinsen für ihre Autoversicherung. Hoch verschuldete Jugendliche sind in Deutschland keine Seltenheit, man schätzt ihre Zahl auf mehrere Millionen.
Studien über Konsumforschung kommen zu dem Ergebnis, dass junge Erwachsene in Deutschland leichtsinniger mit Geld umgehen als früher. Bereits 14 % der 18- bis 25-jährigen sind so verschuldet, dass sie aus eigener Kraft das Geld nicht mehr zurückzahlen können.
Vielfach hilft dann nur der Weg in die Schuldenberatungsstellen, die in den letzten Jahren immer mehr Fälle zu betreuen haben. Hier wird den jungen Leuten erst einmal geholfen, einen Überblick über ihre Verpflichtungen zu bekommen. Dabei wird ein Haushaltsplan aufgestellt. Außerdem wird das Konsumverhalten genauer beleuchtet. Wichtig ist zudem, dass man sich ein Guthaben-Konto ohne Dispo-Kredit bei der Bank einräumen lässt.
Aber der Umgang mit Geld muss schon von klein auf gelernt werden. Wichtig ist hier das Elternhaus, in dem der Umgang mit den Finanzen den Kindern vorgelebt wird. Aber auch im Unterricht muss das praktische Wirtschaften eine größere Rolle spielen. Aus diesem Grunde bieten Mitarbeiter der Beratungsstellen Kurse an.

4 Verkürze die folgenden Sätze mithilfe von Substantivierungen.

Beispiel: Obwohl sie es oft besser wissen, geben junge Menschen viel Geld in Diskos, beim Bowling oder beim Treffen mit Freunden aus.
Trotz besseren Wissens geben junge Menschen viel Geld für Vergnügungen aus.

Handys, MP3-Player und Klamotten sind nicht billig.

Obwohl sie oft gewarnt und auch beraten werden, machen sie oft Fehler.

5 Schreibe ein Exzerpt des Textes **Trotz Arbeit in der Schuldenfalle**.

→ 20

Texte bildhaft darstellen

Eine Textzusammenfassung kann auch durch bildhafte oder grafische Darstellung erfolgen, um Kerninformationen zu speichern. So können Inhalte schnell abgerufen und für längere Zeit gesichert werden.
Texte können visualisiert werden durch
- eine übersichtliche Gliederung, die auch mit Zeichen versehen werden kann (z. B. in Form eines Spickzettels),
- Ablaufdiagramme, die einen Vorgang wiedergeben,
- Tabellen oder andere schematische Darstellungen oder
- Kreis-, Säulen und Kurvendiagramme.

Texte bildhaft darstellen

Während im Jahr 2004 Kinderarmut noch kein Thema war und man lediglich registrierte, dass etwa 700 000 Jungen und Mädchen nach der Schule arbeiten gingen, hat sich die Lage im heutigen Deutschland erheblich verändert. Seit 2004 hat sich die Zahl der armen Kinder auf 2,5 Millionen verdoppelt und man muss davon ausgehen, dass weit über eine Million Jugendliche einer Nebenarbeit nachgehen. Etwa ein Drittel der Jugendlichen ab der 9. Klasse arbeitet, mit steigender Tendenz. Etwa 50 % des selbst verdienten Geldes wird für neue Medien ausgegeben – dem neuesten MP3-Player, dem „abgefahrensten" Handy. Bei all dem ist die Dunkelziffer hoch. Denn das Kinder- und Jugendarbeitsschutz-Gesetz besagt, dass Arbeit für Kinder unter 14 Jahren generell verboten ist. Ab diesem Alter dürfen sie 2 Stunden am Tag leichte Tätigkeiten verrichten: Zeitungen austragen, Nachhilfe geben, babysitten oder im Haushalt helfen. Erst ab 16 Jahren gelten andere Regeln.

1 Ergänze die Tabelle.

	arme Kinder und Jugendliche	**arbeitende Kinder und Jugendliche**
2004		etwa 700 000 Jungen und Mädchen
2008	2,5 Millionen	

2 Trage in die beiden Kreisdiagramme die entsprechenden Werte ein.

arbeitende Jugendliche ab dem 9. Schuljahr

Ausgaben für neue Medien

3 Trage die entsprechenden Regelungen ein.

Kinder- und Jugendarbeitsschutzgesetz		
unter 14 Jahren	ab 14 Jahren	ab 16 Jahren

Texte bildhaft darstellen

4 Du suchst einen Job für die Nachmittage und an den Wochenenden, den du in der Nachbarschaft ausführen kannst. In einer kostenlosen Anzeige im Gemeindeblatt bietest du an, dass du Tätigkeiten in Haus und Garten sowie Einkäufe erledigen kannst. Außerdem würdest du auch vor der Schule Hunde ausführen. Fülle das Anzeigenformular aus.

→ 38

Angebot/ Gesuch	
Zeit/Ort	
Kontakt	

5 Lies dir die Vorgangsbeschreibung auf Seite 16 durch und setze den Ablauf um.

→ 16

Geldkarte in Geldautomat einführen

Konto gedeckt?

nein

ja

Interpretationen begründen

Während eine Textanalyse Fakten enthält, beruht die Interpretation auf der individuellen Deutung dieser Ergebnisse. Damit der Leser diese Interpretation überzeugend findet, muss Folgendes beachtet werden:

- Die Deutung muss mit den Angaben zu Autor und zeitlichen Zusammenhängen übereinstimmen.
- Alle Interpretationsansätze müssen mithilfe des Textes belegt werden können.
- Die Ergebnisse der Analyse und deren Interpretation werden in einen klaren sprachlichen Zusammenhang gestellt. Dazu werden kausale und modale Wendungen (z. B.: dadurch, somit, auf diese Weise, ...) verwendet.
- Als Beleg werden die passenden Textstellen zitiert oder Zeilen angegeben.
- Widersprüche und Ungereimtheiten müssen vermieden werden.

Texte verfassen

Interpretationen begründen

Auch in der Erzählhaltung kann man diesen Aufbau erkennen: Während der erste und der letzte Absatz von einem Ich-Erzähler formuliert werden, wird der Handlungsträger in den beiden mittleren Absätzen als „man" bezeichnet. Auf diese Weise unterstreicht der Autor die Entfremdung des Migranten.

Diese Gegensätzlichkeiten werden in der Schilderung der Umgebung deutlich: Am Marmarameer spürt der Leser Ruhe, Wärme und Geborgenheit der südlichen Landschaft, während Reise und Zielort mit Unruhe, Kälte, Einsamkeit und lauten Geräuschen in Verbindung gebracht werden.

Eines der sprachlichen Mittel, um diesen Kontrast deutlich zu machen, ist die Verwendung der ausdrucksstarken Adjektive: In der Heimat gibt es den *schönen Sonnenuntergang* (Z 3), *das weite, grenzenlose Meer und hier fast weiß schimmernde Sonne* (Z 5). Dagegen ist es am Zielort *dunkel, es gibt dort laute Gewitter- und Sturmgeräusche* (Z 25). Auch Vergleiche unterstützen die Erfahrung von Trauer: *Wie eine Krankheit befallen Melancholie und Trauer meinen Geist* (Z 10). Ebenso benutzt der Verfasser Personifikationen, um die Stimmung zu verdeutlichen: Die Heimat *rückt fort* (Z 9), die *Dunkelheit nähert sich schleichend* (Z 30).

Am eindringlichsten wird die Abschiedsstimmung in der Entgegensetzung *Ich werde meine Welt des Lichts gegen eine fremde Welt der Dämmerungt eintauschen müssen* (Z 7–8), sodass der Leser die Verlorenheit eines Migranten eindrucksvoll erfährt.

→ 52

1 Unterstreiche in den Absätzen mit unterschiedlichen Farben jeweils Interpretation und Begründung.

2 Suche je zwei Formulierungen mit der gleichen Bedeutung.

also: ____________ ____________

durch: ____________ ____________

sodass: ____________ ____________

denn: ____________ ____________

Interpretationen begründen

3 Welche dieser Interpretationsansätze zu den Texten **Der Hundertmarkschein** (Seite 46) und **Oberösterreich** (Seite 51) sind richtig begründet?

→ 50–53

A Der Text „Der Hundertmarkschein“ enthält Elemente der Kurzgeschichte, denn er ist sehr kurz.
B Der Text „Der Hundertmarkschein“ enthält Elemente der Kurzgeschichte, denn er beginnt mitten im Geschehen und hat ein offenes Ende.
C Der Text „Der Hundertmarkschein“ enthält Elemente der Kurzgeschichte, denn es kommt nicht auf die Individualität der Personen an.
D In ihm wird die Staatsmacht kritisch bewertet, denn die Frau wird verhaftet.
E In ihm wird die Staatsmacht kritisch bewertet, denn der Frau werden unangenehme Fragen gestellt.
F Die kritische Bewertung der Staatsmacht zeigt sich daran, dass ein nur sehr ungewöhnliches Verhalten die Behörden aktiv werden lässt.
G Die Figur Heinz in „Oberösterreich“ ist ein sehr wortkarger Mensch, denn er redet wenig.
H Heinz fühlt sich durch die Schwangerschaft seiner Frau völlig hilflos. Die vielen Pausen und die ratlosen kurzen Sätze zeigen, dass er in diesem Augenblick überfordert ist.
I Anne liegt viel daran, dass ihr Mann gute Laune hat. Deswegen hat sie Sekt gekauft.
J Anne hat eine Flasche Sekt gekauft, weil sie ihre Schwangerschaft als ein freudiges Ereignis für ihre Ehe ansieht.

Der Hundertmarkschein: ____________ Oberösterreich: ____________

4 Stelle passende Begründungszusammenhänge her.

A Günter Kunert will in **Mann über Bord** (Seite 22) darstellen, wie schnell man lebenslange Schuld auf sich laden kann.
B C. F. Meyer wählt in seinem Gedicht **Abendbild** (Seite 46) die eigentlich widersprüchliche Wortkombination „ruhige Flucht“ mit einer klaren Absicht.
C Die Großmutter ist in **Der Abschied** (Seite 49) nicht nur die einzige, sondern auch eine sehr wichtige Figur.

Tipp! Prüfe immer wieder, ob deine Deutungsansätze logisch sind und mit dem Text belegt werden können.

Argumente verknüpfen, Stellung beziehen

Gedankengänge kann man dann mühelos nachvollziehen, wenn sie eindeutig miteinander verknüpft oder klar voneinander abgetrennt sind.
Deshalb

- müssen Argumente mithilfe von *Konjunktionen* und verbindenden Formulierungen erkennbar sein.
- werden bei einer Sacherörterung die einzelnen Argumente so verbunden, dass die steigende Bedeutsamkeit deutlich wird.
- müssen bei einer Problemerörterung die Schnittstelle zwischen *Antithesen* und *Thesen* eindeutig sein.
- muss die abschließende Stellungnahme logisch an die vorangegangenen Gedanken anknüpfen.

Argumente verknüpfen, Stellung beziehen

E-Mails – persönlich oder unpersönlich?

E-Mails oder elektronische Glückwunschkarten sind wesentlich unpersönlicher als ein handgeschriebener Brief, denn mit ihnen ist auch weniger Mühe verbunden. Wer freut sich beispielsweise nicht, wenn man zum Geburtstag einen Briefumschlag öffnen kann und man an der Handschrift erkennt, wer einem da gratuliert? Manchmal kann man an den Zeilen sogar erkennen, in welcher Stimmung sich der Absender befindet. Sicherlich ist eine E-Mail in Sekundenschnelle beim Empfänger. Dennoch sollte man zu wichtigen Ereignissen besser zu Stift und Papier greifen und den Weg zum Postamt nicht scheuen.

→ 32

1 Unterstreiche in dem Text die Konjunktionen und Formulierungen, die die einzelnen Argumente erkennbar machen.

2 Finde zu den folgenden Thesen passende Begründungen und verknüpfe sie sprachlich auf unterschiedliche Weise.

A Das Wahlalter sollte herabgesetzt werden, ____________________

____

B Die Anschaffung eines Haustiers sollte gut überlegt werden, ____________________

____

→ 34

3 In einer Erörterung werden Argumente in steigender Reihenfolge angeordnet. Ordne diese Formulierungen entsprechend.

A ein großes Problem ist weiterhin
B außerdem darf nicht vergessen werden
C zu guter Letzt ist … zu erwähnen
D überdies kann … passieren
E zunächst muss man bedenken
F natürlich ist ebenso

erstes Argument ______

mittlere Argumente ______ ______ ______ ______

letztes Argument ______

Argumente verknüpfen, Stellung beziehen

4 Mara möchte einen Ferienjob annehmen. Ihr Vater ist dagegen.
Formuliere Stichwörter für beide Argumente.

A Mara: ______

B Vater: ______

5 Zu dem Thema **Halten sich die Gefahren und Segnungen des Internets noch die Waage?** soll ein Übergang zwischen Antithese („Gefahren") und These („Segnungen") formuliert werden. Welcher erscheint dir passend? Kreuze an. 34

- ☐ Nun haben wir die Gefahren ja umfassend kennengelernt, es ist jetzt notwendig, zu den Segnungen zu kommen.
- ☐ Wie man sieht, bringt die Nutzung des Internets möglicherweise Gefahren mit sich, aber man darf keineswegs die Segnungen außer Acht lassen.
- ☐ Nun möchte ich Ihnen aber die positiven Seiten des Internets erörtern.

6 Warum sind die folgenden Übergänge für die abschließende Stellungnahme ungünstig?

Beispiel: Ich persönlich bin der Meinung, dass ... – „ich" und „persönlich" ist doppelt formuliert

A Ich finde, dass ______

______

B In meinem Schluss komme ich zu der Schlussfolgerung ______

______

7 Bei welchen Textsorten wird eine Stellungnahme von dir erwartet? Kreuze an.

- ☐ Personenbeschreibung
- ☐ Protokoll
- ☐ Leserbrief
- ☐ Sachtextanalyse
- ☐ Kommentar

8 Lies den Teil des Kommentars **Lehrerschelte** (Seite 30), der die Stellungnahme beinhaltet, noch einmal durch.
Formuliere nun eine Stellungnahme, die zu einer gegenteiligen Meinung kommt. 30

Weiterschreiben und umgestalten

Mit dem Umgestalten oder Weiterschreiben von Texten werden das genauere Lesen und das bessere Verständnis von Texten trainiert und dabei die eigenen Schreibfähigkeiten ausgebaut. Dabei wird Schritt für Schritt vorgegangen:

- zunächst den Originaltext gründlich lesen und auf sich wirken lassen,
- versuchen, sich Personen, die Umgebung und die Situation bildlich vorzustellen,
- anschließend spontan notieren, was einem zu dem Schreibthema einfällt,
- beim Umschreiben in eine andere Textsorte auf den Stilwechsel achten,
- Text formulieren – dabei Ideen, die beim Schreiben kommen, einbinden,
- zum Schluss noch einmal genau überprüfen, ob der Text in sich stimmig ist.

Texte verfassen

Weiterschreiben und umgestalten

Chef *(schaut auf die Uhr)* Na, Heinz, bist etwas spät dran heute.

Heinz Tut mir leid, Chef. Die Anna, also mei Frau, hat gestern n Sekt aufgemacht, und den vertrag ich nicht. Ich hab einfach verschlafen.

Chef Na, so ein Mannsbild, da wird doch noch ein Gläschen Sekt hineinpassen.

Heinz Scho.

Chef Wo ich doch so viel mit dir vorhabe. Du wirst gleich staunen. Also, es geht um unsere neue Filiale. Du weißt schon, in Hannover. Da brauchen wir jemanden, der das Personal einarbeitet im nächsten Jahr. Also ich hab mir gedacht, dass mein Heinz der richtige Mann dafür ist. Dann kommst du auch einmal raus aus unserem Bayern.

Heinz *(schweigt)*

Chef Na, warum bist du denn so still? Mehr Verantwortung, mehr Geld, das ist doch die Chance!

Heinz Aha. Ja, ich weiß nicht. Was wird denn die Anna dazu sagen. Es ist nämlich so, die Anna und ich, also wir, wir haben gewissermaßen andere Umstände oder wie sagt man das?

Chef Herrgott. Wollt ihr euch scheiden lassen?

Heinz *(stößt hervor)* Um Gottes willen, nein, die Anna kriegt'n Kind.

Chef Na bravo, Heinz, das freut mich aber. Komm, darauf trinken wir einen Schnaps. (ins Telefon) Frau Kern, bringen Sie doch bitte einen Schnaps für mich und den Heinz.

Heinz *(stöhnt)* Auch das noch. Wo ich doch keinen Schnaps vertrag.

→ 50

1 In dieser Szene wurde der Dialog von Seite 51 weitergeschrieben. Welche Charakterzüge und Verhaltensweisen von Heinz sind wiedererkennbar?

- Tatendrang
- Zögerlichkeit
- Skepsis
- Sprachgewandtheit
- Wortkargheit
- Feierlaune

2 Der Verfasser des weitergeschriebenen Textes hat der Figur Heinz bewusst einen gegensätzlichen Charakter gegenübergestellt.

Worin besteht die Gegensätzlichkeit? Was wird dadurch bewirkt?

Weiterschreiben und umgestalten

3 Du willst den Text weiterschreiben, indem du ein Telefongespräch von Anna und ihrer Freundin Gönül entwirfst und dabei durch Gegensätzlichkeit die Figur von Anna herausarbeitest.

→ 58

Welche der folgenden Notizen für Gönüls Charakter kannst du verwenden? ______

A Gönül ist sehr kinderlieb und hat eine große Familie.
B Gönül ist froh, dass sie Arbeit hat und will keine Kinder.
C Gönül spricht viel und gerne, aber trifft nicht immer das richtige Deutsch.
D Gönül spricht gewandtes Hochdeutsch.
E Gönül ist skeptisch in Bezug auf die Schwangerschaft.

4 Formuliere die Merkmale der Umwandlung einer Meldung in eine Glosse. Beachte dabei die Gegensätze: genauer Hergang der Ereignisse – ironische Überspitzung; sachlich – persönlich; W-Fragen – Pointe. Nenne Beispiele dafür.

→ 62

A **Umtausch** Empört brachte gestern Nachmittag eine ältere Dame zwei neu gekaufte Geräte, einen Fernseher sowie eine mobile Telefonanlage, zu einem Händler in der Innenstadt zurück. Ihrer Aussage entsprechend würden beide Geräte nicht funktionieren. Weder könne sie fernsehen, da die Fernbedienung nur merkwürdige Geräusche von sich gäbe, noch könne sie den Händler anrufen, um eine Überprüfung zu veranlassen. Nach Durchsicht der wieder verpackten Ware, stellte der Händler fest, dass die Dame das Telefon mit der Fernbedienung verwechselt hatte.

B **Telefonieren** Früher war es einfacher. Wenn das Telefon klingelte, ging ich in den Flur, um an die „Strippe" zu gehen. Wenn ich fernsehen wollte, ging ich zum Apparat, um den Knopf zu drücken und das Programm zu wählen. Wenn ich das Auto abschließen wollte, nahm ich den Schlüssel und steckte ihn ins Schloss. Heute kann man Probleme bekommen. Gedankenverloren habe ich neulich versucht, meinen Fernseher mit einem Druck auf die automatische Autoentsperrung in Gang zu setzen. Als das Telefon klingelte, hielt ich mir die TV-Fernbedienung ans Ohr. Und als ich einkaufen fahren wollte, wunderte ich mich, dass mein Handy nicht schon von der Haustür aus die Autotür geöffnet hat. Als mein Elektrohändler mir einen Herd mit Fernsteuerung anbot, winkte ich müde ab.

Aufgabenstellung überprüfen

Bevor eine Arbeit abgegeben oder veröffentlicht wird, sollte noch einmal überprüft werden, ob sie der gestellten Aufgabe entspricht. Folgendes sollte geprüft werden:

- Sind die Merkmale der geforderten Textsorte beachtet und dabei Adressat und *Intention* berücksichtigt?
- Sind die Gedanken sinnvoll strukturiert und logisch gegliedert?
- Stimmt die Sprachebene und ist der Text stilistisch gut ausgearbeitet?
- Ist der Inhalt überzeugend oder sollten Stellen umformuliert werden?
- Müssen Begründungszusammenhänge ergänzt werden?
- Entsprechen Zusammenfassungen und Visualisierungen dem Originaltext?
- Sind *Zitate* richtig gekennzeichnet und notwendige Quellenangaben aufgeführt?
- Ist die Aufgabe vollständig und sprachlich korrekt bearbeitet?

Texte überarbeiten

Aufgabenstellung überprüfen

Schüler nehmen Stadträte in Kreuzverhör

Am 10. November waren drei Stadträte ins Wirsberg-Gymnasium eingeladen worden, um den Schülern Rede und Antwort zum geplanten Umbau zu stehen. Vor allem ging es um eine Kantine sowie den Ausbau der ziemlich verlotterten Sporthalle. „Wenn wir schon 8 bis 10 Stunden in der Schule bleiben müssen, dann brauchen wir vernünftige Aufenthaltsräume!", empörte sich der Schulsprecher. Die Stadträte haben die Veranstaltung ziemlich betreten verlassen.

→ 10

1 Der Schulsprecher sollte einen kurzen Bericht für die Lokalzeitung schreiben. In welcher Hinsicht hat er die Textsorte nicht beachtet?

A ______________________________

B ______________________________

C ______________________________

→ 28

2 Streiche eine Textstelle, sodass der folgende Leserbrief logisch wird.

Dass Schüler Demokratie lernen müssen, ist selbstverständlich. Dass sie mit Vertretern der Gemeinde diskutieren, ist löblich. Aber muss es denn gleich so aggressiv zugehen? Immerhin sind es doch nicht die jungen Leute, die die Steuern zahlen, sondern deren Eltern! Kritik ist ja gut, aber bitte mit Augenmaß. Immer noch macht der Ton die Musik.

→ 32

3 In dem Aufsatz **Was macht Schulen zu lebensfreundlichen Bildungsstätten?** fehlt in einem Argument eine entscheidende Textstelle, die es überzeugend gestaltet. Ergänze sie und mache ein Zeichen, nach welchem Satz sie stehen muss.

Wenn Schüler auch am Nachmittag in der Schule bleiben müssen, ist es unbedingt notwendig, dass genügend Aufenthaltsräume zur Verfügung stehen. Denn weder auf den Fluren noch auf dem Schulhof kann man sich vernünftig entspannen oder die kommenden Unterrichtsstunden vorbereiten. Natürlich muss man sparen und kann nicht alles auf einmal verbessern. Aber Aufenthaltsräume sollten an erster Stelle stehen.

____

Aufgabenstellung überprüfen

4 Die Schüler möchten zu einer Podiumsdiskussion einladen.
Was ist hier ungünstig? Kreuze an.

☐ zu kurz ☐ zu unhöflich ☐ zu umgangssprachlich ☐ zu wenig appellativ

Liebe Mitglieder des Stadtrates,
wie Sie wissen, sollen bald erhebliche Umbaumaßnahmen am Wirsberg-Gymnasium durchgeführt werden. Da Sie sicher schon längere Zeit aus der Schule draußen sind, möchten wir, die Schüler, mit Ihnen über unsere Wünsche und Bedürfnisse diskutieren. Da Sie bestimmt die kostbaren Steuergelder nicht in den Sand setzen wollen, laden wir Sie zu einer Podiumsdiskussion ein.

5 Um die Kosten überschaubar zu machen, wurde unten stehende Tabelle entworfen. Markiere das ungünstig platzierte Feld und zeige mit einem Pfeil an, wo es hingehört.

Für die Umbaumaßnahmen sind 3,5 Millionen € veranschlagt. Davon werden 1,2 Millionen € für die Sanierung bereits bestehender Gebäudekomplexe wie z. B. die Sporthalle ausgegeben. Es ist noch nicht klar, ob diese Summe auch die Erweiterung der Außensportanlagen deckt oder ob man andere Möglichkeiten erwägen muss. Etwa 1,5 Millionen € stehen für einen Kantinenanbau zu Verfügung. Der Speisesaal soll auch als Aufenthalts- bzw. Versammlungsraum dienen. Die restlichen 800 000 € dienen dem Ausbau von Ruhe- und Kreativräumen in dem bestehenden Gebäude.

	Gesamtsumme 3,5 Mio €	
Sanierung bestehender Gebäudeteile 1,2 Mio €		Neuanlagen 1,5 Mio €
		Ausbau von Ruhe- und Kreativräumen 800 000 €

Tipp! Liebesbrief oder Bauanleitung? Prüfe, ob du die geforderte Textsorte gewählt hast. Sollst du berichten, überzeugen, unterhalten, anleiten? Musst du sachlich sein? Oder wütend? Passt deine Stimmung zur Textsorte?

Grammatik und Rechtschreibung prüfen

Um die ungünstigen Folgen, die ein fehlerhaft verfasster Text nach sich zieht, zu vermeiden, sollte er nach folgenden Kriterien überprüft werden:

- Den Text nach typischen individuellen Fehlerquellen untersuchen.
- Manche Fälle von Zusammen- und Getrenntschreibung und Unsicherheit bei Fremdwörtern sollten mithilfe eines Nachschlagewerkes gelöst werden.
- Viele Fehler bei der Groß- und Kleinschreibung können durch die Nomenprobe vermieden werden.
- Die Schreibung von „das" und „dass" sowie die Kommasetzung überprüfen.
- Ist die Schreibung von Lauten unklar (z. B. eu oder äu), Beispiele aus der Wortfamilie suchen.

Texte überarbeiten

Grammatik und Rechtschreibung prüfen

A Vielen dank für den Brief. Ich musste beim lesen oft lachen. Hoffentlich stimmt es, dass man vom Lachen gesund wird. Ich liege nämlich im Bett, weil ich mir beim warten auf den Bus eine Grippe zugezogen habe. Du musst wissen, dass der regen schon seit Tagen nicht mehr aufhört. Wenn der Bus dann an der Haltestelle ankommt, spritzt er uns beim bremsen in der Pfütze immer voll. Die Folge: am morgen in der Schule waren die Klamotten klatschnass und Nachmittags gingen bei mir die Kopfschmerzen los. Deswegen hat mir meine Mutter auch das Fernsehen verboten.

B Auch wenn mein Portmone meistens leer ist, gehe ich in der Mittagspause gerne zum Kiosck und leiste mir Pommfrits mit Catchup oder Majonese. Das sind zwar viele Kalorin, aber das Essen ist billiger als in der Schulkantiene. Jetzt habe ich aber festgestellt, dass das meiner Figur nicht guttut, weil es jeden Morgen eine Brozedur ist, bis meine Jeans zubekomme. Meine Eltern finden das ganze Jankfood sowieso katstrofal und geben mir jetzt extra Cesh, dass ich mich besser ernähre.

C Es ist heute wirklich normal dass man ein Handy besitzt. Aber meistens, weiß man nicht was so alles an Folgekosten hinzukommt hat man erst einmal den Vertrag unterschrieben. Abgesehen davon dass man oft mehr SMS verschickt, als einem so klar wird, kann man bei manchen Nummern auch so richtig reinfallen denn, ohne dass man es weiß telefoniert man vielleicht gerade mit einer Hotline in Indien. Man muss gut informiert wachsam und schlau sein, dass einem das nicht passiert.

1 In jedem dieser drei Texte wird deutlich, dass der Verfasser jeweils ein spezielles Rechtschreibproblem hat. Unterstreiche die Fehler und gib an, welche typische Fehlerquelle in den Texten jeweils erkennbar ist.

A ____________________

B ____________________

C ____________________

2 Schreibe die Texte noch einmal richtig auf.

Grammatik und Rechtschreibung prüfen

3 Mache die Nomenprobe und streiche jeweils den falschen Buchstaben durch.

In vielen Ländern ist l/Lesen und s/Schreiben keine allgemeine Befähigung.
Der d/Dank kam d/Dank seiner Rede gut zum Ausdruck.
Ich werde m/Morgen nicht kommen, denn am m/Morgen muss ich zum Gericht.
Sie hat zwar ein n/Neues Kleid an, aber sie hat trotzdem nichts n/Neues zu erzählen.
Ich wünsche dir alles g/Gute zum Geburtstag und vor allem g/Gute Freunde.

4 Das oder dass? Verbessere die Fehler.

Das bei den Passanten das Plakat, dass überall ausgehängt war, nicht ankam, dass war klar. Denn schließlich war das Layout, das zwar von einem Werbefachmann vorgeschlagen war, so unübersichtlich, das das Problem nur schwer verständlich war. Hinderlich war auch, das viele Formulierungen aggressiv und sogar beleidigend waren. Dass hatte zur Folge, dass viele Leser abgestoßen waren. Dass darf nicht mehr passieren, das wir unser richtiges Anliegen so schlecht verkaufen.

5 Lies laut und trage die richtigen Laute ein: ß oder ss.

Fu___, Flu___ Gu___, Ru___, Ku___, Rö___er, Flo___, Fa___, Ma___,

Spa___, Ka___e, Pa___, Ri___, genie___en, mi___lich, flie___en, Bi___

6 Suche Nomen oder Adjektive der Wortfamilie, die bei der Schreibweise helfen.

ausräumen – ______________ verbläuen – ______________

beteuern – ______________ bereuen – ______________

verhehlen – ______________ vermengen – ______________

7 Kommafehler lassen sich vermeiden, wenn man unnötig lange Sätze auflöst.
Forme aus den folgenden Sätzen jeweils drei Einzelsätze.

Obwohl die Kritik der Bürger, berechtigt oder nicht, den Stadträten bekannt gemacht worden war, gab es bei der ersten, aber entscheidenden Ausschusssitzung ein eindeutiges Votum für die neue Straßenbahnführung, was großen Ärger bei den Anwohnern hervorrief.

Grammatik und Rechtschreibung prüfen

Die folgenden häufig vorkommenden Grammatikfehler kann man vermeiden, wenn man beim letzten Durchlesen des Textes besonders auf sie achtet:

- Verben mit starker und schwacher *Konjugation* werden falsch verwendet (z. B. hängen).
- Wörter mit ähnlicher Bedeutung werden falsch verwendet (z. B. Worte/Wörter).
- Adverbien mit der Endung „-weise“ werden fälschlicherweise wie Adjektive verwendet.
- Bei der Steigerung werden „als“ und „wie“ falsch sowie erfundene Superlative verwendet.
- Der *Indikativ* und *Konjunktiv* werden nicht korrekt verwendet.
- Apostrophe werden unnötig gesetzt.

Grammatik und Rechtschreibung prüfen

1 Streiche jeweils das falsche Verb durch.

Er sendete/sandte den Brief rechtzeitig ab, aber er konnte nicht verhindern, dass die Todesmeldung bereits im Radio gesendet/gesandt wurde.
Sie hing/hängte die Wäsche auf, aber als alle Teile auf der Leine hingen/hängten, begann ein Gewitter.
Es hat mich sehr erschrocken/erschreckt, als das Wasser durch die Tür drängte/drang.

2 Streiche das falsche Wort durch und trage die richtige Wortverwendung ein.

A Der Regen hatte anscheinend/scheinbar aufgehört, denn alle klappten die Schirme zusammen. Kevin verließ anscheinend/scheinbar das Cafe, blieb dann aber stehen.

Vermutung ____________ Täuschung ____________

B Seine Wörter/Worte blieben mir noch lange im Gedächtnis, aber wenn ich mir die neuen englischen Wörter/Worte merken muss, kann ich nichts behalten.

Zitate, Redewendungen ____________ kleinste Einheiten eines Satzes ____________

C Die Unfälle ereigneten sich im Abstand von einer Woche an der gleichen/selben Kurve und die Fahrer fuhren auch den gleichen/selben Autotyp.

identisch ____________ ähnlich ____________

3 Unterscheide „als“ und „wie“.

Er war ebenso erfolgreich _____ sein Vater, aber erfolgreicher _____ sein Bruder.

Obwohl die Zeiten besser waren _____, war die Zufriedenheit nicht so hoch _____ erwartet.

Vergleich von Gleichartigem _____ Vergleich von Unterschiedlichem _____

Grammatik und Rechtschreibung prüfen

4 Unterstreiche die falsch verwendeten Superlativformen und berichtige sie.

Das ist das einzigste Problem und es wäre am optimalsten, wenn es bald gelöst wird.

____

Auf der meistbefahrensten Landstraße entstand das totalste Chaos.

____

5 Ersetze die unterstrichenen Adverbien durch Adjektive:

Der <u>fälschlicherweise</u> Verdacht	der	____________	Verdacht
Die <u>gleicherweisen</u> Aktionen	die	____________	Aktionen
Der <u>zeitweise</u> Anstieg	der	____________	Anstieg

6 Streiche alle falschen Verbformen durch.

Der Angeklagte behauptete, dass er nicht bei der Tat beteiligt gewesen war/wäre/sei und dass man ihn zu Unrecht verdächtigt/verdächtige/verdächtigte. Vielmehr hat/habe/hätte er darauf bestanden, dass die Mitangeklagten nach Hause gehen/gingen. Auf die Frage des Richters, ob man ihm das glauben soll/solle/sollte, gab er Folgendes zu Protokoll: Auch wenn schon mehrere Vorstrafen vorliegen/vorlägen, so gilt/gelte doch die Unschuldsvermutung und man muss/müsse/müsste ihm erst nachweisen, dass er lügt/log/lüge.

7 Ergänze die Regel.

In der indirekten Rede verwendet man den ____________ (I) (z. B. „lüge"). Sind Konjunktiv Präsens und Präsens gleichlautend, verwendet man den

____________ (II) (z. B. „vorlägen").

8 Welche Apostrophsetzungen sind richtig? Kreuze an.

- ☐ Walter's Wurststüble
- ☐ Max' Schulabschluss
- ☐ Ku'damm
- ☐ Video's
- ☐ auf's Dach
- ☐ Alex' Freundin

Ausdruck und Stil prüfen

Grundsätzlich bestimmen Intention und Adressat den Stil eines Textes. Gewandtheit in Ausdruck und Stil besteht darin, je nach Anlass den „richtigen Ton" zu wählen und korrekt zu formulieren. Dabei sollte Folgendes beachtet werden:

- Ein gut formulierter Text ist eindeutig und für den Adressaten mühelos verständlich.
- Wortwahl und Satzbau entsprechen dem Anlass.
- Ausdrucksarme Verben (z. B. machen, gehen, sein und haben), Wortwiederholungen, Nominalstil und mehrfache Genitive werden vermieden.
- Monotoner Satzbau wird ebenso wie „Schachtelsätze" vermieden.
- Sachtexte werden knapp und präzise formuliert.
- Persönliche Briefe, Interpretationen oder Reden werden durch den Einsatz von *rhetorischen Mitteln* lebendig.

Texte überarbeiten

Ausdruck und Stil prüfen

Aufgrund einer kritischen finanziellen Lage der Familie ist es nicht möglich, die Anzahlung für eine Klassenfahrt pünktlich zu leisten. Du bittest bei der Schulleitung um Verständnis.

A Liebe Frau Direktorin,
es ist mir sehr peinlich, aber wir haben momentan nicht das Geld, um die Fahrt nach Barcelona vorzuschießen. Die 150 €, die heute fällig sind, brauchen wir in dieser Woche noch, um Handwerker zu bezahlen. In zwei Wochen sind wir aber so weit flüssig, dass über diese Summe wieder verfügt werden kann. Ich bitte Sie herzlich, bis dahin nachsichtig zu sein, denn ich würde gerne mitfahren. Wir wollen aber keinesfalls Sozialstütze annehmen.
Herzlichst Ihr Martin Mehring

B Sehr geehrte Schulleitung,
aufgrund erheblicher finanzieller Probleme seitens meiner Familie ist zum gegenwärtigen Zeitpunkt die Ableistung der Voranzahlung der Klassenfahrt nach Barcelona unmöglich und ich bitte um Stundung des geforderten Betrags bis zu einem Zeitpunkt, welcher zwei Wochen nach dem geforderten Termin liegt.
Hochachtungsvoll Martin Mehring

PS: Unterstützungen für sozial Bedürftige stehen meine Eltern ablehnend gegenüber.

1 Welcher Stilfehler kommt in welchem Text vor? Unterstreiche sie im Text.

Anrede zu persönlich ____ Anrede zu gestelzt ____ doppelter Genitiv ____

unnötiger Inhalt ____ umständliche Angabe ____ unpassende Gefühle ____

unübersichtlicher Satzbau ____ Verwendung von Umgangssprache ____

Grußformel unbeholfen ____ Grußformel übertrieben formal ____

bürokratischer Stil ____ unnötige Nominalisierung ____

Ausdruck und Stil prüfen

2 Ersetze die ausdrucksschwachen Verben und verbessere den monotonen Satzbau. Dabei musst du manche Sätze umstellen.

A Gestern habe ich meine Abschlussprüfung gemacht. Nun werde ich eine Ausbildung machen. Aber gerade mache ich Pläne für einen Urlaub, den ich in Spanien machen werde.
B Sie war sehr traurig. Gestern war ein Abschiedspäckchen von ihrem Freund vor der Tür. Darin waren alle Geschenke, die sie ihm gemacht hatte. Er war schon lange mit jemandem anderen zusammen.

3 Verwandle den Nominalstil in Verbalstil.

A Bei der Überprüfung der Wohnung entdeckten wir die Beschädigung des Herdes, die Verschmutzung des Badezimmers sowie die völlige Verstopfung des Briefkastens.
B Trotz der Wetterverschlechterungsvoraussage bestand der Gruppenleiter auf der Durchführung des Expeditionsziels und dem Weitergang der Gruppe.

4 Vereinfache die mehrfachen Genitive.

die Reparatur des Ventilators des Computers

____

die Frau des Bruders meiner Mutter

____

5 Verbinde mit Strichen die Wörter mit gleicher oder ähnlicher Bedeutung.

Schreiben	Mobiliar	Geld
Tätigkeit	Zeilen	Buch
Werk	Summe	Möbel
Einrichtung	Stelle	Brief
Zahlungsmittel	Veröffentlichung	Arbeit

Logische Abfolge prüfen

Inhaltlicher Zusammenhang und Stimmigkeit machen die Wirksamkeit eines Textes aus. Das gilt für Abschnitte, aber auch für einzelne Sätze. Um Widersprüche zu vermeiden, sollte Folgendes beachtet werden:

- Den Text sich selbst oder anderen laut vorlesen oder sich beim stillen Durchlesen in die Rolle des Lesers versetzen.
- Darauf achten, dass der Aufbau stimmig ist und dass alle zum Verständnis notwendigen Inhalte genannt werden.
- Überprüfen, ob die Verwendung von *Konjunktionen* und *Adverbialen* richtig und ob die Beziehung zwischen Subjekt und Prädikat korrekt ist.
- Verhindern, dass der Leser nicht durch unnötige Inhalte verwirrt wird.

Logische Abfolge prüfen

Eine E-Mail schreiben

Wenn ich eine E-Mail schreiben will, muss ich zunächst in das Adressfeld die E-Mail-Adresse eintragen. Natürlich darf ich auch nicht vergessen, danach den Betreff anzugeben, denn sonst werde ich später gefragt, ob meine Mail mit dem Zusatz „ohne Betreff" abgesendet werden soll. Das ist ungünstig, denn der Empfänger möchte ja gerne wissen, worum es geht. Natürlich kann ich erst dann im Textfeld einen Text eingeben, wenn ich ganz zu Beginn mein E-Mail-Konto aufgerufen habe, was auch nur geht, wenn ich zuvor eines beim Provider eingerichtet habe.
Mein E-Mail-Konto zeigt mir als Erstes meine eingegangene Post und wenn ich danach auf „Verfassen" klicke, erscheint mein Textfeld. Ist mein Text fertig geschrieben, klicke ich anschließend auf „Senden" und meine Post ist in Sekundenschnelle beim Empfänger. Sollte die Adresse nicht stimmen, bekomme ich wenig später eine Meldung, dass die Mail nicht verschickt werden konnte. Natürlich kann ich auch einen Brief beantworten, dann öffne ich den erhaltenen Brief und klicke auf „Antworten".

1 Unterstreiche alle Angaben, die Auskunft über die zeitlichen Verhältnisse geben.

2 Streiche die Angaben durch, die nicht notwendig sind.

3 Bringe die folgenden Handlungsschritte in eine sinnvollere Reihenfolge.

___ E-Mail-Adresse ins Adressfeld eingeben	___ Betreff angeben
___ E-Mail Konto aufrufen	___ Post absenden
___ E-Mail-Konto beim Provider einrichten	___ Brief beantworten
___ auf „Verfassen" klicken	

16

4 Schreibe die Vorgangsbeschreibung **Eine E-Mail schreiben** richtig formuliert auf.

Logische Abfolge prüfen

5 Kürze die folgende unlogische Gliederung und formuliere sie logisch aufsteigend.

Vorteile des freiwilligen sozialen Jahres
1. Man kann später ins Arbeitsleben eintreten.
2. Man muss nicht zum Wehr- oder Zivildienst.
3. Man kann wertvolle Erfahrungen sammeln.
4. Man hat Zeit, sich auf seine endgültige Berufslaufbahn einzustellen.
5. Es ist ein wertvoller Bestandteil des Lebenslaufes.
6. Man kann auch als billige Arbeitskraft ausgenutzt werden.
7. Man erfüllt wichtige Aufgaben für die Gesellschaft.

6 Unterstreiche die fehlerhaften Formulierungen und verbessere sie. →106

Wegen der Klimakatastrophe gibt es doch noch viele intakte Ökosysteme.

Weil mein Taschengeld gekürzt wurde, komme ich finanziell gut klar.

Vor der überraschenden Trockenzeit blühen die Felder.

Bevor wir das Haus öffneten, erforschten wir die Umgebung.

Tipp! Das ist doch logisch! Aber nicht immer verfügt der Leser über das gleiche Hintergrundwissen und findet deshalb deinen Text vielleicht gar nicht logisch. Prüfe, ob du alle notwendigen Inhalte und Informationen in der richtigen Abfolge vermittelst.

Texte verbessern

Vor der Veröffentlichung eines Textes können Hilfen in Anspruch genommen werden, um die Rechtschreibung und Grammatik zu prüfen. Ebenso sollte der Text auf inhaltliche Lücken oder schwer verständliche Formulierungen geprüft werden.

- Ein Textverarbeitungsprogramm zeigt dir Rechtschreib- und Grammatikfehler an und bietet auch in einem Menüpunkt Verbesserungsvorschläge. Rot unterkringelt sind Rechtschreibfehler. Grün unterkringelt sind Grammatikfehler und doppelte Setzung von Satzzeichen.
- In einer Schreibkonferenz wird der Text von einer oder mehreren anderen Personen gelesen. Diese „Mitarbeiter" sollten kritisch und kundig auf Defizite hinweisen.
- Dennoch sollte die endgültige Prüfung an einem ausgedruckten Text geschehen, weil auch der Computer oder andere Leser Fehler übersehen.

Texte überarbeiten

Texte verbessern

Das Maschine ist ein guten Kauf.

Hier die Ratschlag zum richtig Benutzen.

1. Maschiene vorsigtig aus Packung nehmen.
2. Steker A in Steckedos B stecken.
3. Nun überprüf,, ob Strom läufst.

(Dann POWER rot aufleuchtet)

4. Wasser wie benötigt im Glasbehelter gießen.
5. Kaffe wie gewünscht in Behälter B schütten.
6. Nun dem Powerknopf drücken.
7. Warten, bis Kaffeekanen vostendig gefüllst.
8. Gutes Appettit.

1 Verbessere die vom Textverarbeitungsprogramm angezeigten Fehler.

2 Überprüfe, ob der Text nun richtig ist und verbessere die fehlenden Stellen.

→ 102

3 Das Rechtschreibprogramm hat 14 Fehler nicht erkannt. Unterstreiche sie.

Es stimmt! unser Urlaub im bayerischen Wald war nicht das Ware. Allein der tägliche regen wahr schon sehr bedrückend, aber auch die Furchtbare Kälte hat den Aufenthalt sehr vermisst. Ich habe zwar Ungeheuer fiele Bücher gelesen, aber eigentlich hatte ich mir Ferien anders vor gestellt. Nun sind wir wieder Zu Hause – und: Es regnet ohne Unterbrächung und über dies ist es Sau kalt.

4 Warum hat das Programm die Fehler nicht erkannt?

Texte verbessern

5 Matthias soll einen Bericht über einen Schulunfall abgeben. Verbessere den Bericht und korrigiere dabei auch den Berichtstil.

→ 10

Unfallbericht

Am 20.7.2010 brach ich mir die Schulter. Der Unfall geschah im Treppenhaus in der Pause. Während ich nach unten ging, stürmte eine Meute anderer Schüler hoch und warf mich um. Ich fiel die Treppe herunter und spürte anschließend nur wenige Schmerzen. Am 22.7.2010 stellte der Hausarzt den Schulterbruch fest.

6 Vergleiche folgendes Schreiben mit dem endgültigen Brief von Seite 24 und gib an, was bei einer Schreibkonferenz bemängelt wurde.

→ 24

Sehr geehrte Frau Kermann,
wir telefonierten am 3. März. Sie teilten mir mit, dass Sie Betriebspraktika für Schüler anbieten.
Mit diesem Schreiben will ich mich bewerben. Ich übersende Ihnen die gewünschten Informationen und Unterlagen. Ich bin Schülerin der Klasse 9b des Deutschmann-Gymnasiums. Ich möchte einen besseren Einblick in die Arbeitswelt bekommen. Deswegen will ich die ersten 3 Wochen der Sommerferien bei Ihnen als Praktikantin tätig sein. Ich bin sprachgewandt und kontaktfreudig. Außerdem kann ich die Textverarbeitung.
Ich freue mich auf ein Vorstellungsgespräch bei Ihnen.

Satzbau zu ______

„wollen" und „können" durch ______

fehlende Angaben bei ______

Am Schluss fehlt ______

„Sie" und bei „Ihnen" ersetzen durch ______

Abschlusstest

Umgang mit einem Sachtext

Text 1: Wie wandelnde Leichen

„Sie sehen aus wie wandelnde Leichen", sagt Psychologe Andreas Koch von der Berliner Caritas. Er meint sogenannte Internet-Junkies, die täglich 10 bis 15 Stunden im Netz hängen – ohne ausreichend zu essen, zu trinken oder sich zu waschen. Viele von ihnen leben von Hartz IV und haben sich aus dem realen Leben weitestgehend verabschiedet – bis die Telefongesellschaft schließlich den Anschluss sperrt.
Und obwohl die Sucht nach Computerspielen, Chats oder Sex-Websites als sogenannte substanzunabhängige Verhaltenssucht gilt, können die Betroffenen ähnliche Entzugssymptome wie Alkoholiker oder Drogenabhängige entwickeln, etwa wenn man ihnen den Netzzugang kappt, den Computer wegnimmt oder sie aus dem Internet-Café schmeißt.
In leichten Fällen, sagt Koch, könnten die Betroffenen einen kontrollierten Umgang mit dem Netz erlernen – vor allem, wenn sie noch jung seien. Doch in Extremfällen sei „kalter Entzug" der einzige Weg, um die Süchtigen aus ihrer Scheinwelt ins reale Leben zurückzuholen. „Nach drei bis vier Wochen ohne Internet sind die Leute wieder klar im Kopf und fragen sich, was läuft eigentlich in meinem Leben falsch", sagt der Psychologe, der das „Café Beispiellos" der Berliner Caritas leitet. Eigentlich wurde die Einrichtung ausschließlich für Glücksspielsüchtige gegründet, doch jetzt hat die Caritas wegen steigender Nachfrage auch eine neue Therapiegruppe speziell für Internet-Junkies ins Leben gerufen. [...]
Bert te Wildt, Mediziner der Abteilung Klinische Psychiatrie und Psychotherapie der Medizinischen Hochschule Hannover (MHH) hat unlängst 23 Internet-Süchtige einer ausführlichen Studie unterzogen. Bei 80 Prozent der Probanden, so te Wildts Ergebnis, haben sich Anzeichen einer Depression herausgestellt, die auch schon vor der Internetabhängigkeit vorlagen. Auch Angsterkrankungen und Persönlichkeitsstörungen entdeckte Wildt überdurchschnittlich häufig. „Unsere Daten sprechen dafür, dass sich hinter Internetnutzung bekannte psychische Störungen verbergen ..." Von einer diagnostischen Einordnung als Suchterkrankung hält te Wildt deswegen wenig. Manche Mediziner sehen das anders.
Unumstritten dagegen ist, dass Sucht nach Computerspielen oder Sex-Websites kein Einzelfall mehr ist – und bereits nicht wenige Ehen gesprengt hat. Mehr als eine Million Internetnutzer in Deutschland zeigten verschiedenen Studien zufolge Anzeichen einer Internetsucht, berichtet die Caritas. Bei drei bis vier Prozent der etwa 32 Millionen deutschen Internetnutzer sei der Gebrauch des neuen Mediums zumindest problematisch.
Zu ihnen gehören allerdings auch viele Jugendliche, die sich nur in einer vorübergehenden Phase ihres Lebens obsessiv Computerspielen widmen – und die nach Ansicht von Experten lernen können, bewusster mit dem Internet umzugehen. „Bei Jugendlichen ist Abstellen immer die letzte Lösung", sagt die ehemalige Internet-Süchtige Gabriele Farke, [...]. Sie berät Eltern und Jugendliche und hat mehrere Selbsthilfegruppen gegründet. Oft laufen die Kontakte mit Internet-Junkies jedoch monatelang nur anonym über Mails. „Ich muss die Leute dort abholen, wo sie sind", sagt Farke realistisch.
Die öffentlichen Diskussionen um Computerspiele wie „Counterstrike" oder „World of Warcraft", die jedes Mal nach Amokläufen in Schulen neu aufkommen, hält Gabriele Farke allerdings für verfehlt. Das Problem, meint die 49-jährige, seien nicht die Spiele, sondern die Sucht danach. Und Bert te Wildt sieht in der Internetsucht nicht nur ein medizinisches, sondern ein soziales Problem: Immer mehr erwachsene Menschen suchten den depressiven Rückzug „in eine zumeist kindliche digitale Fantasiewelt, um dort die Helden zu spielen, die sie im realen Leben nicht sein können."

Ayala Goldmann

Lesekompetenz

1 Wie viele deutsche Internetnutzer gebrauchen das Medium auf problematische Weise? (1) ____

- ☐ 3 – 4 Mio
- ☐ zwischen 960000 – 1,3 Mio (rund 1 Mio)
- ☐ 32 Mio

2 Woran erkennt man Internet-Junkies? (1) ____

- ☐ Sie leben von Hartz IV.
- ☐ Ihr Internet-Anschluss wird gesperrt.
- ☐ Sie verbringen 10–15 Stunden im Netz, ohne sich um ihren Körper zu kümmern.

3 Was versteht man unter einem „kalten" Entzug? (1) ____

____

4 Welche Möglichkeiten werden für einen kalten Entzug genannt? (1) ____

____

5 Bei einer Studie fand man heraus, dass (1) ____

- ☐ 23 Internet-Süchtige Anzeichen einer bereits vorhandenen Depression hatten.
- ☐ 23 Internet-Süchtige eine Depression hatten.
- ☐ 18 – 19 Anzeichen einer bereits vorhandenen Depression hatten.

6 Was ist der Unterschied zwischen jugendlichen und erwachsenen Internet-Abhängigen? (1) ____

____

7 Welche Gründe werden für Internetabhängigkeit genannt? (1) ____

____

8 Setze den Satz fort. (1) ____
„Das Problem sind nicht Spiele (wie z. B. Counterstrike oder World of Warcraft), sondern

____

9 Die Formulierung „... sich vom realen Leben weitestgehend verabschieden ..." bedeutet, (1) ____

- ☐ sich in eine Traumwelt zurückziehen.
- ☐ aus dem Leben scheiden.

10 Formuliere in eigenen Worten: „Ich muss die Leute dort abholen, wo sie sind." (1) ____

____

Sprachwissen und Sprachbewusstsein

1 Benenne die sprachlichen Mittel der drei Textstellen. (3) ____

A ausreichend zu essen, zu trinken oder sich zu waschen ____________________

B Wie wandelnde Leichen ____________________

C eine gesprengte Ehe ____________________

2 Um welche Sprachebene handelt es sich bei diesen Formulierungen? (1) ____

A „... im Netz hängen ..."
B „... den Netzanschluss kappt ..."
C „... aus dem Internetcafe schmeißt ..."

____

3 Welche Zuordnung ist richtig? (1) ____

(1) Und obwohl die Sucht nach Computerspielen, Chats oder Sex-Websites als sogenannte substanzunabhängige Verhaltenssucht gilt, (2) können die Betroffenen ähnliche Entzugssymptome wie Alkoholiker oder Drogenabhängige entwickeln.

☐ (1) Hauptsatz, (2) Gliedsatz ☐ (1) Gliedsatz, (2) Hauptsatz

4 Nenne 2 Merkmale, an denen du einen Gliedsatz erkennen kannst. (2) ____

____

____

5 Um welchen Modus handelt es sich bei dem unterstrichenen Verb? (1) ____

Doch in Extremfällen <u>sei</u> „kalter Entzug" der einzige Weg, um die Süchtigen aus ihrer Scheinwelt ins reale Leben zurückzuholen.

☐ Indikativ ☐ Konjunktiv ☐ Imperativ

6 Was versteht man unter „substanzunabhängige Verhaltenssucht"? (1) ____

____

____

7 Übersetze die folgenden Begriffe. (3) ____

anonym ____________________

Therapie ____________________

sozial ____________________

Textumsetzung

1 Wovon handelt der Text? Formuliere den Basissatz. (2) ____

2 Fasse die 7 Absätze je mit einem Satz zusammen. (7) ____

(1)

(2)

(3)

(4)

(5)

(6)

(7)

3 Formuliere je ein Argument, indem du der These eine Begründung und ein Beispiel hinzufügst. (4) ____

A Die nachteilige Wirkung von Computerspielen sollte man nicht übertreiben,

B Computerspiele können gefährlich sein,

Verständnis und Ausdeutung einer Grafik

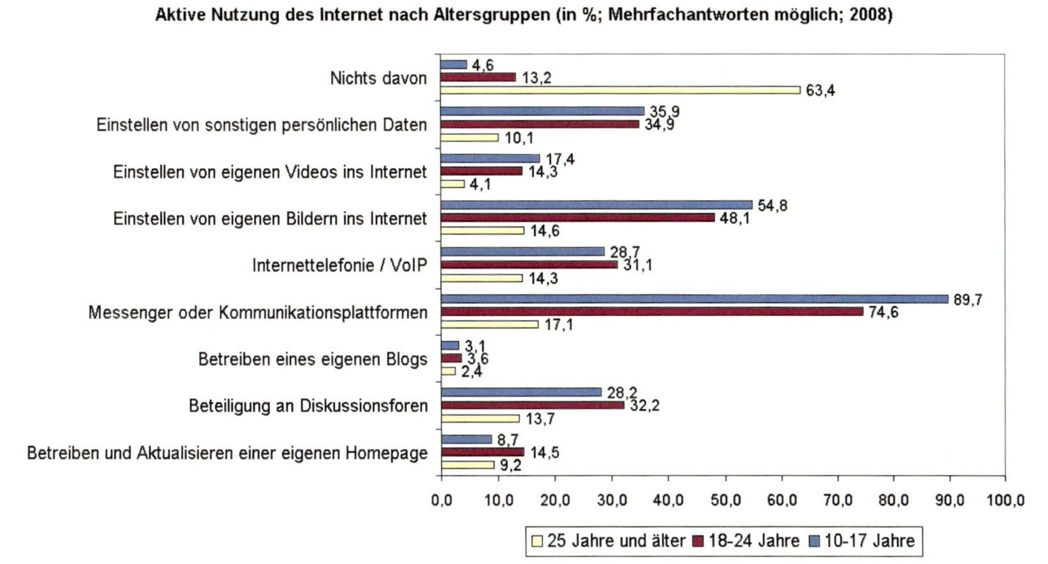

Datenquelle: BITKOM/TechConsult 2008; eigene Berechnung und Darstellung.

1 Betrachte die Grafik genau. Um welche Art von Grafik handelt es sich? (1) ____

- Kurvendiagramm?
- Kreisdiagramm
- Säulen-/Balkendiagramm

2 Was wird verglichen? (1) ____

- Welche Internetangebote am meisten genutzt werden
- Wie alt die Internetnutzer sind
- Wie unterschiedliche Altersgruppen das Internet nutzen

3 Welche Altersgruppe nutzt das Internet am meisten, welche am wenigsten? (1) ____

- 18 bis 24 Jahre, 25 und älter
- 10 bis 17 Jahre, 25 und älter
- 10 bis 17 Jahre, 18 bis 24 Jahre

4 Welches Angebot wird von allen Altersgruppen am meisten genutzt? (1) ____

____

5 Welches Angebot wird von allen Altersgruppen am wenigsten genutzt? (1) ____

____

6 Welche Nutzung, die in dem Text **Wie wandelnde Leichen** vorkommt, wird gar nicht erwähnt? (1) ____

____

____

____

Umgang mit einem literarischen Text

Text 2: Kalte Spaghetti

Ja, ja ich weiß. Ich hätte mich zu ihr an den Tisch setzen sollen, auch wenn sie schon längst gegessen hat. Ich hätte sie loben sollen für die Spaghetti, die sie extra für mich gemacht hat. „Ganz frisch, weißt du, und nimm doch noch Salat und erzähl doch mal, wie war es denn heute? War Mathe wieder so schlimm?"
Aber ich habe es nicht gemacht. Ich habe den Teller mit den Spaghetti genommen und bin in mein Zimmer gegangen. „Das Referat, du weißt schon, ich muss es bis morgen fertig haben." Sie war still, aber dann hörte ich, wie sie die Spülmaschine ausräumte. Das hat mich beruhigt. Seitdem sie wieder zu Hause ist, tut sie alles, um normal zu sein.
Natürlich war es nichts mit dem Referat, ich habe den Rechner angemacht und geschaut, wer sich so alles im Chatroom herumtreibt. Da war so viel los, dass die Spaghetti kalt geworden sind.
Als sie an die Tür klopfte, um den Teller in die Küche zu holen, habe ich schnell auf die Taste gedrückt, sodass eine halb beschriebene Seite auf dem Bildschirm erschien. Sorgenvoll schaute sie mir über die Schulter, aber da sie keine Brille aufhatte, konnte sie sowieso nicht sehen, dass es nur sinnlose Zeichen waren.
„Junge, du arbeitest zu viel, du kommst ja gar nicht zum Essen. Ich bring dir einen Kaffee, soll ich?" Damit sie geht, nickte ich nur kurz und tat sehr beschäftigt und während sie den Kaffee machte, checkte ich meine E-Mails. Auch heute ist keine von Tina dabei und ans Handy geht sie auch nicht mehr, wenn ich anrufe.
Ich kann schnell genug umschalten, als sie auf einem Tablett eine Tasse Kaffee ins Zimmer bringt. „Willst du nicht einmal eine Pause machen? Ich habe so einen guten Kuchen gebacken."
Gott-sei-Dank hält die Story vom Referat noch und ich höre, wie sie unten telefoniert. Ihre Stimme klingt ganz fröhlich, aber ein bisschen zu laut, und das Gespräch ist auch nicht sehr lange und dann ruft sie wohl noch jemanden an, aber auch das dauert nur kurz. Seitdem sie in die Klinik musste, haben sich ihre Freundinnen rar gemacht.
Inzwischen habe ich es doch gemacht, ich bin wieder im Spiel. Eigentlich wollte ich bis zum Abend Ruhe geben, aber es geht nicht, ich muss wieder auf einen akzeptablen Punktestand kommen. Als es so weit ist, ist es schon dunkel geworden. Jetzt habe ich Hunger. Ich gehe nach unten, wo nur der Fernseher silbriges Licht ins Wohnzimmer schickt. Sie sitzt vor dem Bildschirm und hat einen Teller mit Schnittchen auf dem Schoß. Ein anderer voller Teller steht neben ihr. Die Tagesschau ist längst vorbei und sie schaut eine Doku über die Karibik.
„Schau, Junge, wenn ich wieder richtig gut beisammen bin, dann fahren wir da hin. Nur wir zwei. Du kannst tauchen und ich liege am Strand und bin nur faul."
Ich zwinge mich, mich ein paar Minuten dazuzusetzen und meine Schnittchen herunterzuschlingen. „Mama, ich muss wieder!" Sie versucht, verständnisvoll zu sein.
Oben spiele ich weiter, doch erst als ich höre, dass sie ins Bett geht, kann ich mich entspannen und ich werde richtig gut. Es gelingt mir sogar, vor zwölf den Rechner auszuschalten, aber es dauert eine Weile, bis ich einschlafen kann. Ich frage mich, ob sie da unten auch wach liegt, in dem Bett, das viel zu groß für sie alleine ist. Aber bevor ich eine Antwort finde, muss ich wohl abgetaucht sein. Mitten in der Nacht klingelt mein Handy. Jemand teilt mir mit, dass er mein Territorium angreift. Aber es ist mir egal. Morgen früh muss ich mir etwas wegen des Referats ausdenken. Und etwas für sie, wenn sie versucht, mich so fröhlich wie möglich am gedeckten Frühstückstisch zu begrüßen. Und dabei ganz normal zu sein.

Textverständnis und Textanalyse

1 Welche Aussage bei Text 2 ist richtig?

- ☐ Mutter und Sohn leben zusammen in einer größeren Familie.
- ☐ Mutter und Sohn leben allein zusammen. (1) ____

- ☐ Der Sohn verachtet die Mutter.
- ☐ Der Sohn empfindet Mitleid für die Mutter, möchte aber sein eigenes Leben führen. (1) ____

- ☐ Die Mutter ist krank und hat deswegen wenige Freunde.
- ☐ Die Mutter versucht nach einer Erkrankung, wieder ein normales Leben zu führen. (1) ____

- ☐ Der Sohn ist extrem computersüchtig.
- ☐ Der Sohn flüchtet zu seinem Computer, weil ihn das Leben mit der Mutter bedrückt. (1) ____

- ☐ Während der Sohn ein ausgefülltes Leben hat, ist die Mutter einsam.
- ☐ Mutter und Sohn scheinen beide isoliert zu leben. (1) ____

2 Es handelt sich um einen

☐ epischen ☐ lyrischen ☐ dramatischen Text. (1) ____

3 Es handelt sich um eine

☐ Er-Erzählung ☐ eine Ich-Erzählung ☐ um einen inneren Monolog. (1) ____

4 Benenne die Textart: ______________________________ (1) ____

5 Welche Merkmale gehören dazu? (3) ____

- ☐ ausführliche Stimmungsbeschreibung
- ☐ unvermittelter Beginn
- ☐ Herauslösung eines alltäglichen Augenblicks
- ☐ Zusammenspiel einer großen Personenanzahl
- ☐ offener Schluss

6 Welche Antwort ist richtig? (1) ____

- ☐ Die Erzählzeit entspricht der erzählten Zeit.
- ☐ Die Erzählzeit ist länger als die erzählte Zeit.
- ☐ Die Erzählzeit ist kürzer als die erzählte Zeit.

7 Fasse den Inhalt des Textes zusammen. (6) ____

____

____

____

____

____

____

Textinterpretation

1 Welche Rolle spielt das Essen in diesem Text? (4) ____

2 Was bedeutet in diesem Zusammenhang die Überschrift? (4) ____

3 Nenne je ein Beispiel für die Einsamkeit der beiden Personen. (2) ____

Mutter: ____

Sohn: ____

4 Schreibe einen kurzen Text, indem du einen Teil des Geschehens aus der Perspektive der Mutter erzählst. (8) ____

Erörterung

1 Erstelle eine Gliederung zu folgendem Thema.

„Spielsucht. Welche Arten gibt es? Was sind die Gründe für dieses Verhalten? Was kann man dagegen tun?“

A Einleitung (3) ______

B Hauptteil (15) ______

I

II

III

C Schluss (3) ______

Lösungen
Umgang mit einem Sachtext
Lesekompetenz (S. 114)

1. 960000 bis 1,3 Mio
2. Sie verbringen 10–15 Stunden im Netz, ohne sich um ihren Körper zu kümmern.
3. Ohne eine Übergangsphase wird abrupt der Suchtstoff abgesetzt.
4. Entfernung des Computers, Nicht-Zulassung in Internet-Cafés
5. ...18 – 19 Anzeichen einer bereits vorhandenen Depression hatten.
6. Jugendliche haben oft nur eine vorübergehende Phase der Internet-Abhängigkeit.
7. depressiver Rückzug, Wunsch ein Held zu sein
8. ... die Sucht danach.
9. ... sich in eine Traumwelt zurückziehen.
10. Um auf Menschen einzuwirken, muss man sich zunächst auf sie einstellen.

Sprachwissen und Sprachbewusstsein (S. 115)

1. A: Akkumulation, B: Vergleich, C: Metapher
2. Umgangssprache
3. Gliedsatz, Hauptsatz
4. Ein Gliedsatz kann nicht alleine stehen. Das Prädikat steht am Ende.
5. Konjunktiv
6. Eine Sucht, bei der man keine Drogen (Alkohol, Hasch, ...) einnehmen muss, sondern die aus einem bestimmten Verhalten (Fernsehen, ...) besteht.
7. namenlos, Behandlung, gesellschaftlich

Textumsetzung (S. 116)

1. Der Text handelt von Ursachen, Auswirkungen, Erscheinungsweisen der Internetsucht bzw. -abhängigkeit und von möglichen Hilfsmaßnahmen.

(1) Internet-Junkies leben in einer anderen Welt.
(2) Sie können wie Drogenabhängige Entzugserscheinungen entwickeln.
(3) Mithilfe von „kaltem Entzug" und Therapien kann vielen Abhängigen geholfen werden.
(4) Da Abhängigkeit nicht selten mit Depression verbunden ist, sehen viele Experten die Abhängigkeit nicht als Sucht an.
(5) Allerdings gibt es eine Sucht nach Sexseiten und Computerspielen. Anzeichen einer Sucht sieht man bei etwa 1 Mio Internetnutzern.
(6) Hilfsmaßnahmen bei richtiger Vorgehensweise sind vor allem bei jugendlichen Abhängigen erfolgreich.
(7) Spielsüchtige suchen im Internet vor allem den Beweis, ein Held sein zu können.

A ..., denn bei geeigneten Spielen kann man auch einiges lernen. Es gibt Strategiespiele, die das logische Denken fördern und Kreativspiele, die die Erfindungsgabe herausfordern.

B ..., denn man wird in eine realitätsferne Welt gezogen. Wer sein Heldentum nur im Internet beweisen will oder seine Aggression bei Kriegsspielen abreagieren muss, verliert schnell den Bezug zur Wirklichkeit.

Verständnis und Ausdeutung einer Grafik (S. 117)

1. Säulen-/Balkendiagramm
2. Wie unterschiedliche Altersgruppen das Internet nutzen
3. 10 bis 17 Jahre, 25 und älter
4. Messenger- und Kommunikationsplattformen
5. eigener Blog
6. Spiele

Umgang mit einem literarischen Text

Textverständnis und Textanalyse (S. 119)

1. Mutter und Sohn leben allein zusammen.
   Der Sohn empfindet Mitleid für die Mutter, möchte aber ein eigenes Leben führen.
   Die Mutter versucht, nach einer Erkrankung wieder ein normales Leben zu führen.
   Der Sohn flüchtet zu seinem Computer, weil ihn das Leben mit der Mutter bedrückt. Mutter und Sohn scheinen beide isoliert zu leben.
2. Es handelt sich um einen epischen Text.
3. Es handelt sich um eine Ich-Erzählung.
4. Kurzgeschichte
5. unvermittelter Beginn, Herauslösung eines alltäglichen Augenblicks, offener Schluss
6. Die Erzählzeit ist kürzer als die erzählte Zeit.
7. Der Text beleuchtet den Nachmittag und Abend einer Mutter und ihres Sohnes. Der Sohn versucht der Fürsorglichkeit der Mutter, mit der sie ihre Einsamkeit auszugleichen versucht, zu entkommen und flüchtet vor seinen Computer, mit dem er sich bis zum späten Abend beschäftigt.

Textinterpretation (S. 120)

1. Die Mutter bereitet immer wieder neue Mahlzeiten zu, um damit die Nähe ihres Sohnes zu gewinnen. Er wünscht diese Nähe nicht und behandelt die Mahlzeiten achtlos.
2. „Kalte Spaghetti“ sind das Symbol für die Abwehr des Sohnes.
3. Mutter: führt nur kurze Telefongespräche, sitzt allein vor dem Fernseher
   Sohn: hat keinen Kontakt mehr zu einem Mädchen, sitzt allein vor dem Computer
4. z. B.: „Jetzt ist er wieder weg, oben in seinem Zimmer. Dabei habe ich mich so auf eine gemütliche Fernsehstunde zu zweit gefreut. Wie früher, als er sich an mich gekuschelt hat und wir Pläne für die Ferien geschmiedet haben. Dabei ist dieser Karibik-Film wirklich so interessant. Aber er hat einfach zu viel zu tun – warum müssen die Lehrer so viele Hausaufgaben aufgeben? Die Kinder haben ja noch nicht einmal Zeit, vernünftig zu Mittag zu essen. Ich würde mich ja so gerne einmal wieder mit jemandem unterhalten, aber alle haben zu tun. Ich komme mir ganz unnütz vor.“

Erörterung (S. 121)

„Spielsucht. Welche Arten gibt es? Was sind die Gründe für dieses Verhalten? Was kann man dagegen tun?“

A Einleitung
Nach neuen Untersuchen gibt es immer mehr Menschen mit Spielsucht.

B Hauptteil
- I Welche Arten gibt es?
  Lotto – Spielcasinos – Spielhöllen – Internetspiele
- II Was sind die Gründe für dieses Verhalten?
  Hoffnung auf ein besseres Leben – Geldmangel – Abenteuerlust – Flucht aus einem langweiligen Alltag
- III Was kann man dagegen tun?
  Ein besseres Leben im Alltag suchen – Nach anderen Geldquellen suchen – Abenteuerlust durch Sport, Wanderungen oder Reisen stillen – Den Alltag durch neue Herausforderungen sinnvoll und erfüllend gestalten

C Schluss
Auch Jugendliche und Erwachsene können beim Spielen Erholung und Freude empfinden, sie sollten dies aber bei Sport und Gesellschaftsspielen suchen.

Glossar

Begriff	**Erklärung**
Adverbiale	Umstandsbestimmung. Satzteil, in dem Angaben zu Grund, Art und Weise, Ort, Zeit und Bedingung der Handlung gemacht werden, z. B.: nach dem Gewitter ..., trotz des Orkans ...
AIDA	Werbeformel, mit der Kunden zum Handeln (Kaufen) angeregt werden sollen. A = Attention (Aufmerksamkeit erwecken) I = Interest (Interesse erwecken) D = Desire (Wunsch erwecken) A = Action (Handlung bewirken)
Alliteration	Reimform, bei der die Anfangsbuchstaben der Wörter eines Verses gleich sind, z. B.: Milch macht müde Männer munter.
Antithese	Gegenbehauptung. Bei der Argumentation bündelt die Antithese die Argumente, die der eigenen Meinung widersprechen.
appellierender Text	Textsorte, die den Leser zu einer Handlung auffordern will (Appell: franz. Aufruf). Appellierende Texte sind z. B. Werbetexte, Wahlwerbung, Plakate, ...
Arbeitshypothese	Vorstellung davon, wie ein Text aufgebaut, gestaltet und formuliert sein soll, damit er seinen Zweck erreicht.
Ballade	Erzählgedicht, das nicht nur lyrische, sondern auch epische und dramatische Elemente enthält.
Blog	Kurzform für Weblog (Logbuch). Im Internet veröffentlichtes Tagebuch einer Person, die es regelmäßig ergänzt und dadurch andere an ihrem Leben teilhaben lässt.
Brainstorming	Methode der Gedankensammlung, bei der man ungeordnet sämtliche Einfälle zu einer Aufgabe notiert, um damit die Kreativität zu fördern.
Brainwriting	Schriftliches Brainstorming, bei dem auch innerhalb einer Gruppe sämtliche Gedankengänge der Mitglieder erfasst werden.
Diagramm	Schaubild. Man unterscheidet Kreis- (auch Torten-), Säulen- (auch Balken-) und Kurvendiagramme (auch Liniendiagramme).
Dramatik	Literarische Gattung, bei der sich die Handlung in Form von Dialogen und Monologen entwickelt (z. B. Komödie, Sketch).
Drehbuch	Textgrundlage für die Produktion eines Films, in der die Rollen der Schauspieler, Szenenanweisungen etc. formuliert sind.
Epik	Literarische Gattung, bei der die Handlung erzählt wird. Die längste Form der Epik ist der Roman, eine kürzere das Märchen.
Epoche	Zeitspanne, in der sich Kunst und Kultur durch gemeinsame Merkmale auszeichnen (z. B. Barock).
Erzählperspektive	Die Erzählperspektive gibt den Wahrnehmungsbereich des Erzählers an: Der auktoriale Erzähler ist allwissend, der Ich-Erzähler kennt das Erzählte nur aus seinem Erleben, der personale Erzähler beschreibt ungefiltert Gedanken und Gefühle (also den Bewusstseinsstrom der Figuren).

Feature	Medienbeitrag, in dem unterschiedliche Elemente zu einem gemeinsamen Thema vorkommen (Information, Musik, Glosse).
Gattung	Einteilung literarischer Texte in drei Grundformen. Man unterscheidet die Gattungen Epik, Lyrik, Dramatik.
Genre	Einteilung literarischer Texte in Bezug auf eine gemeinsame Thematik, z. B. Kriminalromane, Science Fiction, Liebesromane, ...
Handout	Textgrundlage für die Zuhörer eines Vortrags. Hier werden Grundinformationen als Erinnerungshilfe zusammengefasst.
Indikativ	Wirklichkeitsform, z. B. „er ist" im Gegensatz zu „er sei".
Intention	Absicht des Autors beim Verfassen des Textes, die auch Form und Stil prägt. Z. B.: Ein Bericht unterliegt der Intention der Information und ist kurz und sachlich.
Interview	Medienbeitrag, in dem die Aussagen einer Person erfragt werden und dabei Frage und Antwort übermittelt werden.
Ironie	Uneigentliche Aussage. Mit dieser Stilform formuliert man Sachverhalte z. T. überspitzt oder gegenteilig und verschärft dadurch die gemeinte Aussage. Z. B.: Du bist mir ja ein Held!
Jargon	Sprachebene einer Gruppe, die sich durch bestimmte Wortwahl oder Satzbau abgrenzt, z. B. Jugendjargon, Wissenschaftsjargon, ...
kausale Beziehung	In der kausalen Beziehung wird der Begründungszusammenhang genannt. Z. B.: Wegen des Orkans fiel der Unterricht aus.
Komödie	Dramatische Form, bei der sich eine ungünstige Situation zu Beginn der Handlung auf heitere Weise zu einem guten Ende entwickelt.
Konjugation	Beugung. Mithilfe der Konjugation ändern Verben nach den Kategorien Person, Tempus (Zeit), Numerus (Zahl), Modus (Aussageweise) und Genus verbi (= Aktiv oder Passiv) ihre Form. Z. B.: ich gehe, er ging, sie seien gegangen
Konjunktion	Bindewort. Konjunktionen verknüpfen Aufzählungen und leiten Nebensätze ein. Z. B.: Weil es spät war, rannten und rasten wir.
Konjunktiv	Möglichkeitsform. Sie wird für die indirekte Rede benötigt. Z. B.: Sie behauptete, sie sei volljährig und könne das beweisen.
Kurzgeschichte	Epische Kurzform, in der die Handlung unvermittelt beginnt, offen endet und die ein Schlaglicht auf eine menschliche Verhaltensweise wirft.
lokale Beziehung	Beziehung, in der ein räumlicher Zusammenhang genannt wird. Z. B.: In der Stadt waren viele Menschen auf den Straßen.
Lyrik	Gattung, mit der mithilfe von Reim, Rhythmus und Stropheneinteilung eine Aussage (oft Empfindungen) übermittelt werden.
lyrisches Ich	Sprecher eines Gedichts. Die vermutete Person, deren Gedanken und Gefühle übermittelt werden, die aber nicht identisch mit dem Verfasser sein muss.
Märchen	Epische Form, bei der der Inhalt sich von der gewohnten Realität löst und mithilfe von wundersamen und zauberhaften Ereignissen tiefere menschliche Erfahrungen darstellt.

Metapher	Bildhafter Vergleich mithilfe der Zusammenstellung von Begriffen, die eigentlich nicht zusammengehören, z. B.: das Haupt der Familie.
Metrum	Versmaß, also die Bezeichnung für die regelmäßige Tonfolge (Zahl und Abstand der betonten Silben). Z. B.: Ich bin klein, mein Herz ist rein.
Mindmap	Methode der Gedankensammlung, bei der man Einfälle mithilfe von Astverbindungen logisch strukturiert.
modale Beziehung	Beziehung, in der die Art und Weise eines Zusammenhangs genannt wird. Z. B.: Mit großer Wucht fiel das Haus zusammen.
Novelle	Epische Form, bei der ein einziges Ereignis, das zu einem Zusammenbruch einer Ordnung führt, im Mittelpunkt steht.
Ode	Lyrischer Text, der auch in Form eines Gesangs eine Ehrerbietung ausdrückt.
Partizip	Mittelwort. Man unterscheidet das Partizip Präsens (Mittelwort der Gegenwart „singend") vom Partizip Perfekt (Mittelwort der Vergangenheit „ich habe gesungen").
Passivkonstruktion	Formulierung mithilfe des Passivs, z. B: Mir ist gekündigt worden.
Personifikation	Vermenschlichung. Rhetorisches Stilmittel, bei dem Dinge, Tiere, Ideen, ... wie Menschen dargestellt werden. Z. B.: Schweigend blickte der Gipfel auf uns herab.
Protagonist	Hauptfigur in einer Handlung
Referat	Kurzvortrag
Reimschema	Regelmäßigkeit bei der Abfolge von Reimen, z. B.: a, b, b, a.
rhetorische Frage	Frage, deren Antwort bereits vorgegeben ist. Z. B.: Hältst du mich etwa für blöd?
rhetorische Mittel oder Stilfiguren	Sprachliche Mittel, die die Wirkung einer Aussage oder eines Textes verstärken sollen, z. B.: Vergleiche, Aufzählungen, Steigerungen, ...
Roman	Epische Form, in der mehrere Handlungsverläufe miteinander verknüpft werden.
Sage	Epische Form, deren Kern ein geschichtlich belegtes Ereignis ist, das aber mit märchenhaften Inhalten ausgebaut wurde.
Sketch	Dramatische Form, in der ein alltägliches Ereignis in knapper Form auf die Spitze getrieben wird.
Song	Lied. Im heutigen Sprachgebrauch Text und Gesang von kurzen musikalischen Stücken in der Medienwelt.
Statistik	Übersichtliche Aufstellung von Zahlenmaterial
Substantivierung	Die Umwandlung eines Wortes, das kein Hauptwort ist, zu einem Substantiv, z. B.: alles Gute, Betreten verboten, mit Ach und Krach, beim Schreiben, ...
Synthese	Aufhebung der Gegenüberstellung von These und Antithese, sodass damit eine neue Argumentationsebene entsteht.
temporale Beziehung	Beziehung, in der ein zeitlicher Zusammenhang genannt wird. Z. B.: Nach dem Sieg und vor der Feier.

Textart	Zusammenfassung von Texten mit gleichen Merkmalen, z. B.: Berichte, Werbetexte oder auch Erzählungen, Tragödien etc.
Textsorte	Einteilung von Texten nach Grundtypen, z. B.: Gebrauchstexte, nicht lineare Texte, literarische Texte, ...
These	Behauptung. Kernstück eines Arguments, in dem eine Aussage formuliert wird.
Tragödie	Dramatische Form, in der sich die Handlung durch menschliche Fehler und Einwirkung des Schicksals zu einem ungünstigen Ende entwickelt.
twittern	Beim Twittern (engl. zwitschern) werden kurze Textnachrichten im Internet oder per Handy für ein öffentlich einsehbares Tagebuch, auch Miniblog genannt, geschrieben.
Verba dicendi	Verben des Sagens, Meinens oder Glaubens, z. B.: behaupten, bestätigen, annehmen, ...
Zitat	Wörtliche Wiedergabe eines Textstücks, das als Übernahme gekennzeichnet werden muss.

Bildquellennachweis
11 nach: http://www.bka.de/pks/pks2008/download/pks-jb_2008_bka.pdf, S. 81 und S. 83; **14** Klett-Archiv (Jutta von der Lühe-Tower), Stuttgart; **15** Getty Images Deutschland GmbH RM (Stone/Tim Flach), München; **65** Klett-Archiv (Jutta von der Lühe-Tower), Stuttgart; **75** http://www.google.de/südafrika; **117** Hans-Bredow-Institut, Hamburg

Sollte es in einem Einzelfall nicht gelungen sein, den korrekten Rechteinhaber ausfindig zu machen, so werden berechtigte Ansprüche selbstverständlich im Rahmen der üblichen Regelungen abgegolten.

Quellennachweis
S. 20: Was den Deutschen wichtig ist, Die Meinungsforscher aus Allensbach und ihr Moral-Barometer. Aus: Main Post, san, 1.11.2007; **S. 22**: Günter Kuhnert: Mann über Bord. Aus: Tagträume in Berlin und andernorts. Carl Hanser Verlag. München 1972; **S. 43**: Liebe und Anerkennung statt Gewalt. Aus: Süddeutsche Zeitung, tvs, 15. Juni 2009, S.4; **S. 46**: Klaus Wondratschek: Der Hundertmarkschein. Aus: Wolf Wondratschek: Früher begann der Tag mit einer Schusswunde. Hanser Verlag. München 1969; **S. 47**: Text über Klaus Wondratschek. Nach: wikipedia, 27. Juli 2009; **S. 49**: Deniz Caliskan: Abschied. Aus: Irmgard Ackermann (Hrsg.): Türken deutscher Sprache. Deutscher Taschenbuch Verlag. München 1984; **S. 51**: Franz Xaver Kroetz: Oberösterreich. Suhrkamp Verlag. Frankfurt am Main 1972; **S. 87**: Globalisierung. http://de.wikipedia.org/wiki/Globalisierung; **S. 114**: Ayala Goldmann: Wie wandelnde Leichen. AP. Spiegel online, 12. Sept. 2009.

1. Auflage 1 5 4 3 2 1 | 2014 13 12 11 10

Alle Drucke dieser Auflage sind unverändert und können im Unterricht nebeneinander verwendet werden.
Die letzte Zahl bezeichnet das Jahr des Druckes.
Das Werk und seine Teile sind urheberrechtlich geschützt. Jede Nutzung in anderen als den gesetzlich zugelassenen Fällen bedarf der vorherigen schriftlichen Einwilligung des Verlages. Hinweis §52 a UrhG: Weder das Werk noch seine Teile dürfen ohne eine solche Einwilligung eingescannt und in ein Netzwerk eingestellt werden. Dies gilt auch für Intranets von Schulen und sonstigen Bildungseinrichtungen. Fotomechanische oder andere Wiedergabeverfahren nur mit Genehmigung des Verlages.

© Ernst Klett Verlag GmbH, Stuttgart 2010. Alle Rechte vorbehalten. www.klett.de
verlag für pädagogische medien (vpm). www.vpm-verlag.de

Autorin: Jutta von der Lühe-Tower

Konzeption und Redaktion: Salomé Dick, Berlin

Herstellung: Hans Klement

Gestaltung: ImageDesign, Köln
Satz: Fotosatz H. Buck, Kumhausen
Druck: Mediahaus Biering GmbH, München

ISBN 978-3-12-011400-0

Printed in Germany
ISBN 978-3-12-011400-0
9 783120 114000